LÍDER PROTAGONSTA

CARO(A) LEITOR(A),
Queremos saber sua opinião sobre nossos livros.
Após a leitura, curta-nos no **facebook.com/editoragentebr**,
siga-nos no Twitter **@EditoraGente**, no Instagram **@editoragente**
e visite-nos no site **www.editoragente.com.br**.
Cadastre-se e contribua com sugestões, críticas ou elogios.

Susanne Andrade

LÍDER PROTAGONISTA

UMA NOVA ATITUDE NA AGILIDADE

Os 7 passos para conquistar a transformação digital nas empresas e ter resultados pessoais e na carreira

---

Diretora
Rosely Boschini

Gerente Editorial Sênior
Rosângela de Araujo Pinheiro Barbosa

Editoras Juniores
Carolina Forin
Rafaella Carrilho

Assistente Editorial
Tamiris Sene

Produção Gráfica
Fábio Esteves

Preparação
Amanda Oliveira

Capa
Karina Groschitz

Projeto gráfico e diagramação
Gisele Baptista de Oliveira

Revisão
Wélida Muniz
Natália Domene Alcaide

Impressão
Rettec

Copyright © 2022 by Susanne Andrade
Todos os direitos desta edição são reservados à Editora Gente.
Rua Natingui, 379 – Vila Madalena
São Paulo, SP – CEP 05443-000
Telefone: (11) 3670-2500
Site: www.editoragente.com.br
E-mail: gente@editoragente.com.br

Dados Internacionais de Catalogação na Publicação (CIP)
Angélica Ilacqua CRB-8/7057

Andrade, Susanne
    Líder protagonista - uma nova atitude na agilidade: os 7 passos para conquistar a transformação digital nas empresas e ter resultados pessoais e na carreira / Susanne Andrade. - São Paulo: Editora Gente, 2022.
    192 p.

ISBN 978-65-5544-212-0

1. Desenvolvimento profissional 2. Transformação digital 3. Liderança I. Título

22-1479   CDD 650.14

Índice para catálogo sistemático:
1. Desenvolvimento profissional

NOTA DA PUBLISHER

A transformação digital está presente na vida de qualquer empresário já há algum tempo, embora nem todos tenham entendido a necessidade de se adaptar ao novo mundo digital e a importância da tecnologia para o bom andamento de uma empresa.

A atualização profissional deve ser constante para aqueles que desejam se destacar e protagonizar sua carreira. É importante entender que o digital, a tecnologia, toda essa evolução, é algo positivo, que a inovação é amiga e agrega muito à nossa vida profissional e pessoal e nos permite alcançar uma posição de relevância, de protagonismo ágil.

Susanne Andrade, master coach e palestrante de carreira e liderança, é a pessoa certa para nos guiar em direção ao protagonismo de nossa vida, considerando toda transformação digital e seus benefícios para nossa carreira.

Extremamente capacitada e competente, Susanne é reconhecida por suas palestras e pelo auxílio que dá para que grandes empresas se destaquem e pratiquem gestão humana e ágil. A autora deixa claro, porém, que não é preciso estar em uma posição de chefia para liderar de forma ágil. Colaboradores podem, e devem, adotar uma atitude de protagonismo, ajudando seus líderes no caminho da produção saudável e humana.

Líder protagonista – uma nova atitude na agilidade traz a expertise de uma autora especialista em gestão humana e oferece soluções para todos que desejam acompanhar a evolução do mundo empresarial.

Tenho certeza de que você, leitor, deseja ser o protagonista não só da sua carreira, mas também da sua vida, portanto, acompanhe os passos apresentados por Susanne nesta obra rica de conteúdo e seja hoje o líder ágil que você nasceu para ser.

Boa leitura!

ROSELY BOSCHINI
CEO e Publisher da Editora Gente

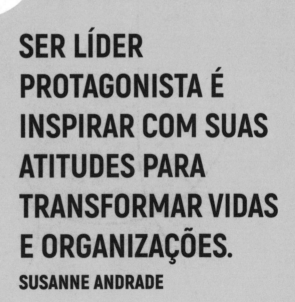

SER LÍDER PROTAGONISTA É INSPIRAR COM SUAS ATITUDES PARA TRANSFORMAR VIDAS E ORGANIZAÇÕES.
SUSANNE ANDRADE

É com muita alegria que dedico este livro a cada leitor(a) que me proporciona espaço para que eu realize o meu propósito de ajudar as pessoas no seu desenvolvimento para a realização pessoal e profissional, o que leva ao crescimento das organizações, em um contexto de felicidade.

É a partir da educação que vamos construir um mundo melhor, e ser professora é missão especial em minha vida. Gratidão aos meus alunos e alunas, que me ajudam a evoluir a cada dia como profissional e como ser humano. Aprendo sempre com vocês, que são fonte de inspiração para esta obra!

AGRADECIMENTOS

Esta é a parte mais desafiadora na escrita do livro, pois a gratidão é imensa a cada pessoa que me inspira a ser escritora, desde minha família, amigos e profissionais até aqueles que me ajudaram nos três livros anteriores. Aqui mencionarei os que, de maneira direta, participaram deste projeto, sabendo que a tantos outros agradeço de coração e sabem o quanto são especiais para mim.

A minha origem como ser humano nessa vida, agradeço ao charmoso e inspirador casal Sandoval e Neide, meus pais. Construíram uma linda família, da qual sou muito feliz em fazer parte junto com os irmãos Sanney, Sanny e Sarah, meu cunhado Tarcísio e sobrinhos Filippe, Pedro e Rodrigo. Ao meu padrinho Newtinho por todo cuidado, me ajudando no equilíbrio emocional para produzir este livro. Você, aqui, representa minha extensa família. Obrigada a meus avós, presentes em minha alma, e aos meus tios e primos de coração.

Ao meu pedacinho de Deus na Terra, minha família de dentro de casa, de minha essência mais íntima: meu amor e parceiro na vida e nos negócios, Carlos Baptista, e nossas pequenas Mariana e Anna Beatriz (Bia), maiores presentes da minha vida. Mari trouxe meu genro Gustavo para ampliar a família.

Carlos trouxe para mim a família lusitana, por quem tenho muito afeto: meus sogros Elvira, Fausto e Mama, e todos os portugueses que passaram a fazer parte de mim, os de Portugal e os do Brasil.

Ao Roberto Shinyashiki, que me inspirou a ser escritora, e ao Gilberto Cabeggi, que está sempre presente em cada obra. Minha eterna admiração e amor por vocês! Foi no Instituto Gente que também conheci parceiros como a Kelly Nascimento e o Igor

Medeiros. Ele me ajuda a levar a mensagem de cada livro em forma de palestras para transformar pessoas e organizações com seus slides poderosos.

"Gente que transforma" é a energia e competência de cada um que de maneira bem direta me ajudou a construir este livro. Ao time da Editora Gente, minha gratidão! Rosely Boschini, você e sua equipe são sensacionais! Da turma do editorial à área de vendas, passando por todos do administrativo, marketing e produção. Gratidão a Rosângela Barbosa, esse anjo em forma de gente, e sua equipe: Carolina Forin, a querida parceira nessa jornada, Rafaella Carrilho e Franciane Batagin por acompanharem de perto e com capricho a minha escrita. O que seria de mim se não fosse o querido e competente Fabrício Batista e seu time, que, com excelência, levam meu livro a mais e mais pessoas: Roberta Oliveira, Jean Motta, Juscelia Meyer, Raquel Aguiar e Raquel Oliveira. Obrigada, queridos Keila Maria, Camila Hannoun, Amanda Borgato, Arthur Shinyashiki e Ricardo Shinyashiki, aqui representando cada um dos bastidores da editora e do Instituto Gente, que ajudam a viabilizar os detalhes e projetos que ampliam o alcance do livro e que fazem toda a diferença. Obrigada, Karina Groschitz, pela linda capa!

Fechando com maestria esta obra, tive a honra de receber depoimentos de profissionais que muito admiro: Gustavo Gennari, CEO da apaixonante FIAP, que faz parte de minha vida em um espaço de realização como professora; Leila Brito e Rodrigo Braga, líderes parceiros e inspiradores. Ao Diego Barreto, meu agradecimento por abrilhantar o livro escrevendo o consistente prefácio.

Gratidão aos nossos clientes da Andrade & Barros Consultoria e aos parceiros que atuam conosco na empresa, representados aqui pela querida Márcia Rúbia.

Consigo ser escritora por cuidar de minha saúde mental, espiritual e física, e isso só é possível com a ajuda de profissionais competentes e pessoas queridas. Gratidão a Deijacy Souza, a Karime Salomão, aos meus terapeutas Anna de Lucia e Alexandre Bortoletto. A minha advogada Marcelle Maron, às doutoras Yasmyn Salomão Câmara, Mariza Kataguiri, e à personal trainer Carolina Santos, também amigas do coração. A Elizete Barbosa e cada um que faz parte da família GRATHI por me ajudar a evoluir como ser humano em minha jornada no voluntariado.

É por meio da assessoria de imprensa, a equipe Ortolani Comunicação, que minha mensagem chega a mais e mais pessoas, por quem sou cuidada com profissionalismo e humanidade.

Fechando com grandiosidade e simplicidade, gratidão a Deus e a Nossa Senhora que passa na frente e abre meu caminho, por me proporcionarem a proteção divina.

SUMÁRIO

	PREFÁCIO 17
	INTRODUÇÃO 21
CAPÍTULO 1:	**UM ROBÔ DE PRODUZIR RESULTADOS 26**
CAPÍTULO 2:	**MEDO, SOBRECARGA E SENSAÇÃO DE ESTAR PERDIDO 38**
CAPÍTULO 3:	**O CAMINHO: O PROTAGONISMO ÁGIL COMO UMA NOVA ATITUDE 52**
CAPÍTULO 4:	**A TRANSFORMAÇÃO DIGITAL 60**
CAPÍTULO 5:	**POSICIONAMENTO DE LÍDER PROTAGONISTA ÁGIL 76**
CAPÍTULO 6:	**MINDSET DA EFICÁCIA 106**
CAPÍTULO 7:	**AUTOGESTÃO DO TEMPO 118**
CAPÍTULO 8:	**VIVA O PRESENTE E CONSTRUA O FUTURO 136**
CAPÍTULO 9:	**VOCÊ, AGENTE DE TRANSFORMAÇÃO 152**
CAPÍTULO 10:	**LÍDER INSPIRADOR 166**
CAPÍTULO 11:	**SEU CRESCIMENTO COMO SER HUMANO É ESSENCIAL PARA O SEU CRESCIMENTO PROFISSIONAL 176**
	CONCLUSÃO 185
	GLOSSÁRIO 188
	BIBLIOGRAFIA 189

PREFÁCIO: RUMO AO IMPOSSÍVEL

São sempre fascinantes as trajetórias daqueles que se destacaram, em suas épocas, por enxergar adiante, promovendo transformações antes consideradas até mesmo impossíveis. Está aí o mercado editorial que não nos deixa mentir, sempre abastecido com as biografias, os pensamentos e as realizações de líderes que imprimiram suas marcas, direta ou indiretamente, em nossas vidas. São homens e mulheres cujo poder de mobilização de seus times, parceiros e colaboradores segue nos inspirando, e cujas qualidades servem de norte geral para quem quer chegar um passo à frente, sendo agente ativo da transformação.

Tudo isso é muito certo, mas este livro de Susanne Andrade nos traz outras notícias. Parafraseando um dito comum para caracterizar o trabalho de escritores, podemos dizer que a obra de um líder protagonista é muito mais transpiração que inspiração. Com os empreendedores do passado, e outros do presente, aprendemos pelo exemplo. Só que, em muitas situações, o exemplo ainda está para ser construído – o que é tão mais verdade quanto mais velozes são as mudanças do mundo. A economia digital que desembocou na Nova Economia quebrou paradigmas e apresentou cenários que, além de inéditos, se modificam continuamente. No mundo contemporâneo, valores e desafios exigem posturas que não podem ser simplesmente espelhadas.

Dito de outra maneira, é fundamental que o líder da Nova Economia compreenda a cultura em que ele está inserido – seja a da empresa, seja a da sociedade. Vivemos em uma época em que a incerteza é a regra, mantendo-nos entre a excitação e o temor. Não faz muito tempo, éramos educados para orientar nossos passos em direção à (suposta) segurança de um emprego linear, com plano de carreira e todas as ilusões de estabilidade cultivadas por nossos pais e avós. Em vez disso, descobrimos que precisamos mirar a nós mesmos em sintonia com o mundo real, em que sistemas lentos e excessivamente hierárquicos não têm lugar, em que a insegurança é, em si mesma, o motor da inovação.

Aos líderes do presente e do futuro, cabe a missão de percorrer os caminhos que se bifurcam no dinamismo da Nova Economia. É uma cultura que exige, mais que resiliência, antifragilidade – isto é, a capacidade de se transformar diante dos obstáculos. Mutantes, adaptáveis, esses novíssimos protagonistas caminham no fio da lâmina, entre o risco e a oportunidade, sabendo que o erro pode acontecer a qualquer momento – e, por isso mesmo, precisam estar preparados para tropeçar e levantar logo em seguida, melhores e mais fortes. Sem tempo a perder.

Nada disso é possível se essas lideranças não estiverem alinhadas com os valores que brotaram da expansão das tecnologias digitais. São outras habilidades, diferentes competências. Não há mais espaço para chefes centralizadores presos à cultura de controle e comando que regiam as velhas organizações. Sai a lógica da escada, de decisões verticais, entra a da rede, de relações mais horizontais. O líder protagonista sabe que precisa estimular não só a participação, mas a efetiva colaboração mútua para superar os erros e aprender com eles.

É uma mudança radical de comportamento, que demanda um verdadeiro engajamento dos times. Cabe ao líder ser ele próprio o exemplo a inspirar – e o mesmo se aplica às empresas. Hoje, o único caminho é pela gestão transparente, arma vital em tempos cuja única certeza é a mudança. "Compartilhar" não é apenas um gesto corriqueiro que a tecnologia massificou: é centro dessa nova cultura, que será mais sólida quanto mais os times, empoderados, forem capazes de expor objetivamente suas fragilidades. É a transparência quem dá ao profissional, qualquer que seja seu lugar no organograma, a possibilidade de conhecer suas deficiências e superá-las. Nas contas finais, isso significa reconhecimento, oportunidades com mais responsabilidade e, por consequência, mais sucesso e dinheiro.

À empresa, cabe criar as bases seguras para que o líder possa desafiar suas equipes a atingir objetivos que, à primeira vista, parecem estar além de suas possibilidades. Trata-se de fomentar confiança, de criar referências comuns a partir de críticas e elogios, de cimentar com esses valores o edifício do negócio, dos acionistas aos funcionários e parceiros. É neste momento que o líder protagonista faz jus a esse título, reforçando essa cultura no dia a dia. Ele não é bedel de escola, é como um maestro em busca de harmonia em meio à cacofonia dos instrumentos.

Seu papel é o de impor o ritmo, mostrando quanto e quando acelerar. Na sua sinfonia, o desempenho individual não se dissocia do coletivo, o que confere a cada um dos atores a possibilidade de escolher o seu caminho em direção ao sucesso, que necessariamente significará o sucesso do todo. Nessas bases, o líder de verdade é capaz de aprimorar os times com, por exemplo, a saída natural de quem resista a esses valores e a entrada de novos talentos. Porque, ressalto, falamos de uma harmonia que sempre acontecerá em meio à tempestade.

Para ter sucesso nesse cenário, é preciso muito estudo, muito trabalho: dedicação, transpiração. Neste livro, além da caracterização desses novos comportamentos, você conhecerá técnicas e ferramentas que o ajudarão a pavimentar o caminho, fazendo escolhas conscientes dependendo dos desafios que lhe forem apresentados. E, sim, inspire-se: não no que os líderes do passado fizeram em contextos específicos, mas na maneira como eles conseguiram mobilizar todos os atores em busca daquele resultado que mudou o mundo. Gosto de lembrar o – a esta altura lendário – "campo da realidade distorcida", expressão que descrevia a capacidade de Steve Jobs em engajar os desenvolvedores que trabalhavam no projeto Macintosh. Na Nova Economia, há muitos líderes que expandiram a mesma capacidade, cada um a seu modo e em circunstâncias diversas. Resta a cada um de nós encontrar o seu. Boa leitura, boa jornada rumo à vanguarda.

DIEGO BARRETO
Vice-presidente de Estratégia e Finanças do iFood
e autor do best-seller *Nova economia*

INTRODUÇÃO

O medo da transformação digital é cada vez maior para o profissional da atualidade, especialmente quando o trabalhador sente que a Inteligência Artificial (IA) ocupa o seu espaço por direito e faz com que muitas profissões deixem de existir. Com esse cenário pesaroso em vista, o profissional acredita que é possível se tornar um super-herói e busca dominar tudo, transformando-se em uma máquina de produzir resultados, o que ocasiona um altíssimo nível de sobrecarga, a começar pela mental.

E, com isso, começa a bater um desespero, ele passa o tempo todo trabalhando como um motor que não pode parar, com medo de não conseguir pagar os próprios boletos, deixando de viver a vida e passando a apenas sobreviver. Ele se sente perdido, deixa-se ser engolido por uma rotina diária pesada sem ter a consciência da importância de se impor na própria carreira, pois acredita que tem de fazer tudo o que vem em sua direção e acaba se submetendo às demandas de maneira mecânica.

Você já se sentiu assim? Sendo devorado pela vida, agindo como um motorzinho que precisa trabalhar o tempo inteiro? Já se sentiu como uma máquina que precisa produzir para alimentar a própria sobrevivência e a de outras pessoas ao seu redor? É provável que, em meio a toda essa dinâmica, você já não entenda mais o significado de sua existência, tendo esquecido inclusive que você é humano. Parece louco e impossível, mas é real! O medo de vivenciar toda essa transformação pela qual o mundo está passando, com a inteligência artificial tomando conta de espaços, roubando trabalhos e profissões, invadiu você também, mesmo sem se fazer notar. E, em decorrência desse medo, você se transformou em mais uma máquina.

O mês mal começa, e você já recebe novos boletos para quitar em um ritmo alucinante. Será que esse é o objetivo de toda a transformação pela qual as organizações e o mundo vêm passando? O digital, que traz em sua essência maior leveza e fluidez nos processos, vem para devorar os humanos? Vem para assombrar os profissionais, impedindo que eles se direcionem para a realização e para a felicidade?

É o que tem acontecido, sobretudo na mente das pessoas. Prova disso são os tantos filmes, séries e livros que abordam o tema, como o clássico *Tempos modernos*, de Charlie Chaplin, por exemplo, em que acompanhamos um operário fabril em plena Revolução Industrial. Esse filme, lançado em 1936, nos mostra que o momento que vivemos com a transformação digital é simplesmente só mais uma etapa da evolução humana. No filme, a industrialização substituiu o homem pela máquina, levando os profissionais a se reinventarem – como a personagem de Chaplin, que saiu do chão de fábrica para se transformar em artista –, e agora a inteligência artificial está dando a oportunidade de evoluirmos em nossa jornada profissional. Com isso em mente, cabe ao ser humano decidir qual o propósito do uso da tecnologia. Como o próprio Chaplin diz ao fim do filme, dirigindo-se à sua dama: "Aguente, não desista, nós daremos um jeito".

Com os episódios "Volto já" e "Natal", da série britânica *Black Mirror*, também é possível entender que o problema que devemos nos preocupar no futuro não está na **inteligência artificial** criada pelo homem, mas em como podemos desenvolver nossa **inteligência emocional** e empatia para usar a inteligência artificial de maneira que nos traga benefícios, preservando valores humanos essenciais, como ética e respeito, que são eternos e devem sobreviver a toda e qualquer transformação.

> **Com esse cenário pesaroso em vista, o profissional acredita que é possível se tornar um super-herói e busca dominar tudo, transformando-se em uma máquina de produzir resultados, o que ocasiona um altíssimo nível de sobrecarga, a começar pela mental.**

É um processo natural, assim como aconteceu com a entrada da informática no mundo décadas atrás, quando ela parecia ter vindo para "tirar o espaço" de diversos profissionais e, na verdade, fez surgirem novas profissões, centenas delas na área de tecnologia.

Justamente por não entenderem a lógica de todo esse movimento atual como mais uma etapa da evolução humana, ou por não se posicionarem como protagonistas desse fluxo, muitos profissionais se esquecem de fazer escolhas estratégicas, inclusive em relação à própria carreira. Eles saem fazendo tudo por medo de perder espaço e, assim, perdem saúde, em particular a mental, e qualidade de vida. Procuram fazer tudo do jeito certo, mas, em muitos casos, acabam fazendo a coisa errada sem se dar conta. Aceitam um emprego em troca de um salário que possibilita pagar os famosos boletos e querem continuar a crescer, com isso, assumem também um padrão de vida que traz mais contas a pagar, esticando cada vez mais os custos de vida e aumentando progressivamente a vontade de ter mais. O resultado disso é: mais **medo**, mais **sobrecarga** e mais sentimento de estar **perdido** diante de inúmeras possibilidades de informações e de profissões, algo que, para quem não tem um propósito claro, só faz aumentar a dúvida, uma vez que não há sentido em fazer o que se faz.

Nesse cenário, como ficam as empresas nas quais esses profissionais estão inseridos? Elas perdem muito! Infelizmente, esses profissionais passam a ser fonte de resistência para o crescimento das corporações, uma vez que atuam sem clareza do motivo de estarem ali o que, em geral, cria baixa produtividade, ocasionada pelo cansaço constante.

Para mudar a situação, é preciso inverter essa lógica. Para que todos ganhem, é necessário seguir na direção de uma nova atitude mental e trilhar um caminho para resultados mais ágeis em um contexto de leveza e felicidade.

O primeiro passo nessa direção é o entendimento da evolução digital enquanto uma fase da transformação humana em que o profissional tem a oportunidade de ser mais generoso consigo, compreendendo que o movimento deve ser o oposto de uma autocobrança. Essa transformação representa uma mudança de cultura que só é possível a partir de uma mudança de mindset para uma mentalidade protagonista, na qual o ser humano volta a ser o centro. A chegada da inteligência artificial nos dá essa oportunidade de resgatarmos a nossa humanidade de maneira consciente.

Sabe como? Com a compreensão de que devemos deixar com o robô as atividades repetitivas e maçantes e colocar nosso foco nas habilidades humanas, as soft skills, para que haja mudança verdadeira no nosso comportamento, e também percepção do sentido maior de estarmos neste mundo, canalizando essa energia também para as nossas escolhas. A partir disso, é possível ter uma posição clara que possibilitará, então, que escolhamos a nossa trilha para um crescimento pessoal e impacta de maneira positiva nossa carreira e a empresa da qual fazemos parte.

Eu tenho acompanhado muitos profissionais que se sentem infelizes e sobrecarregados, são como escravos da vida. E fico muito feliz por ajudá-los na libertação, que é conquistada com simplicidade, por meio do autoconhecimento e entendimento do seu papel em todo esse contexto. A partir dessa compreensão, eles se posicionam com mais clareza e, assim, conseguem alcançar os resultados almejados.

Estou aqui para lhe fazer um convite, querida leitora, querido leitor: mergulhe neste livro que tem como objetivo ajudá-lo a focar a busca para se tornar um "líder protagonista", caminho essencial para você se posicionar e se destacar em meio às transformações pelas quais as organizações estão passando o tempo todo. Além disso, estou empenhada para que este conteúdo o ajude a se desenvolver com maior foco e leveza, sem trazer mais um peso para a sua jornada. Também trago aqui um método para você criar uma nova atitude que o ajudará a crescer nesse novo mundo. Um método em que todos ganham, profissionais e empresas: uma nova atitude para alavancar seu crescimento profissional e gerar transformação nas empresas em que você atuar.

Ser um "líder protagonista" é o caminho e o grande diferencial para a agilidade, e potencializa os resultados diante das incertezas causadas pelo novo mundo do trabalho nessa transformação digital.

Este livro vai ajudar você que sofre por todos esses medos e sobrecargas, e foi escrito com muito carinho. Quero sentir você perto de mim, e quero também que você sinta que ele é fundamental para o seu salto na carreira e na vida, que ele o ajude a se encontrar na posição de protagonista. Que este livro seja uma leitura libertadora.

capítulo 1

UM ROBÔ DE PRODUZIR RESULTADOS

Cláudio era um profissional dedicado a tudo o que fazia, e realizava tudo com perfeição. Era elogiado por todas as empresas pelas quais passava e vinha conquistando promoções constantes no decorrer de sua trajetória. Mas algo chamava atenção naquele rapaz: a falta de vida e a evidente tristeza que carregava na alma.

Ele se mantinha afastado das pessoas, mesmo com um jeito educado de se relacionar e de responder às demandas, quando o foco era resolver problemas. O seu afastamento estava na alma, pois as pessoas não conseguiam chegar perto de seu ser. A sua atitude representava uma educação programada, e não espontânea.

Com apenas 26 anos, ele já tinha uma história de sucesso na carreira, carreira esta que já não estava dando conta de manter por sentir um cansaço e um desejo de desistir, de parar. O seu pensamento começou a ser: quando vou me aposentar? E ele ainda tinha uma grande jornada de vida pela frente. VIDA?! Qual? Foi ao ouvir essa frase que ele acordou daquele pesadelo que vinha construindo.

Cláudio começou a se dar conta de que o desânimo em sua vida era decorrente do foco total no trabalho, esquecendo-se de que era humano e de que precisava suprir outras necessidades. Ele negligenciou a sua vida, anulando espaços de lazer e prazer, pois não entendia que isso também era combustível para o trabalho. Não compreendia que, para sustentar o sucesso na carreira, era necessário desfrutar momentos que lhe proporcionassem descanso no corpo e na mente.

Pela primeira vez, o seu resultado não tinha sido bom, e sua líder o chamou para conversar e entender o porquê daquela mudança brusca, da queda de rendimento.

Sarah ficou surpresa com as reclamações que começaram a aparecer por parte dos clientes, pela falta de qualidade na entrega de Cláudio e o não cumprimento dos prazos. Ela não conseguia entender tudo aquilo, e então o convidou para um papo com o intuito de ajudá-lo, pois supunha que havia algo de errado. A conversa começou assim:

— Cláudio, quero muito saber de você, algo simples. Como está a sua VIDA? O que tem acontecido de diferente nela?

Aquele rapaz nem sabia do que se tratava, sua "vida" já não fazia sentido. Ele se enxergava como um robô sem alma e não sabia o que responder para aquela moça curiosa diante dele. Depois de um tempo em silêncio e com a cabeça baixa olhando para o chão, ele levantou o rosto com tristeza em seus olhos, que lacrimejavam.

Sarah ficou sem saber o que dizer diante daquele profissional sempre tão determinado e forte, mas que agora parecia perdido. Ele parecia não saber qual direção tomar em uma simples conversa, imagine diante de sua vida, cujo sentido já não entendia. Foi quando ele respondeu:

— Minha vida é produzir, crescer e trazer resultados, o que já não consigo mais. Tudo ficou muito pesado de uma hora para outra, e não compreendo o motivo. Eu tenho me sentido um lixo.

Sarah ficou surpresa com aquelas palavras. Cláudio sempre foi muito fechado em seu mundo e de repente se abriu como um vulcão em erupção. Parecia um pedido de socorro. Ele continuou:

— Eu quero sair da empresa, Sarah. E não sei para onde vou. Só sei que cheguei ao meu limite e já não *aguento mais tudo isso. Ter resultados me fazia aguentar a pressão, mas agora me sinto preso em um beco sem saída. Além da sobrecarga que sinto, está me batendo medo de seguir em frente, pois não sei por onde caminhar. Continuo fazendo tudo como antes, mas os resultados não aparecem. Quero fugir dos colegas, dos clientes, até mesmo de mim.*

Depois de ouvir em silêncio, Sarah falou:

— Eu imagino pelo que você está passando, meu amigo. Saiba que falo como alguém que entende você, pois passei por tudo isso no início da minha carreira, quando tive uma crise de ansiedade e precisei parar. Eu estava trabalhando como uma máquina perfeita que não podia ter um parafuso fora do lugar ou mal encaixado até que passei a me sentir como uma peça fora de qualquer encaixe, sem nenhuma alegria, e entrei em parafuso. Quero, inclusive, te fazer um pedido. Tire férias e, somente depois de você voltar, nós nos sentaremos para falar da sua saída da empresa. Lembre-se de que somos humanos, não máquinas.

— Férias? Mas eu não tenho para onde ir. O que adianta sair de férias sem saber o que fazer? Vou perder tempo em casa, enquanto os clientes ficarão aqui reclamando. Eu tenho muito a resolver antes de ir embora. Quero deixar tudo organizado antes de partir.

— Você vai partir para momentos de lazer e prazer, Cláudio, ou não conseguirá sobreviver com esse peso, com a autocobrança que carrega em sua mente. Isso não está fazendo bem a você nem à empresa. Saia de férias e busque se conectar a tudo o que representa vida para você. No início, você pode nem saber o que isso significa, *mas sair do modo "robô" para o modo "humano" vai despertar algo muito bom dentro de você. Confie em mim!*

Aquele papo tinha começado a inspirar em Cláudio um sabor diferente, e algumas coisas vieram à sua mente: a namorada, que ele não via há mais de quinze dias; os pais, que moravam no interior e com os quais ele não entrava em contato há um mês; e sua prancha de surf, que estava encostada na parede de casa há quase dois anos, período esse em que ele só pensava em uma coisa: entregar resultados. E foi exatamente essa mentalidade e essas atitudes que provocaram aquela falta de energia e de discernimento para gerar os famosos resultados que ele tanto desejava, mas já não conseguia entregar.

Ele agradeceu a Sarah por aquele precioso papo e disse que já começava a entender o que tinha acontecido, mas que precisava experimentar as mudanças. Partiu em direção a suas férias com o foco em um único resultado: resgatar a própria vida!

Cláudio pôde contar com uma líder que cuida da equipe, mas infelizmente não é assim que acontece na maioria das vezes, pois o chefe costuma também estar preso na roda-viva de produzir resultados de maneira desenfreada, esquecendo-se de que é humano e de que lida com humanos. Os gestores têm receio de perder a autoridade ao se aproximar demais dos colaboradores, o que leva a um afastamento quando o seu papel é essencialmente alimentar o entusiasmo deles. Quando a liderança não atua nessa perspectiva, é necessário pedir ajuda. Esse movimento vai proporcionar a quebra dessa roda-viva negativa da própria liderança. E esses líderes precisarão parar por um momento para dar aos colaboradores a atenção merecida e necessária.

> OS GESTORES TÊM RECEIO DE PERDER A AUTORIDADE AO SE APROXIMAR DEMAIS DOS COLABORADORES, O QUE LEVA A UM AFASTAMENTO QUANDO O SEU PAPEL É ESSENCIALMENTE ALIMENTAR O ENTUSIASMO DELES. QUANDO A LIDERANÇA NÃO ATUA NESSA PERSPECTIVA, É NECESSÁRIO PEDIR AJUDA.

A relação entre líder e liderado é uma das relações sociais mais importantes a ser cultivada no trabalho, pois impacta na produtividade. O livro *O jeito Harvard de ser feliz*[1] traz o resultado de diversas pesquisas realizadas sobre esse contexto. Uma delas é a da Gallup, que indica que empresas norte-americanas perdem anualmente 360 bilhões de dólares devido ao mau relacionamento entre colaboradores e chefes. O livro também aponta que pesquisadores do MIT identificaram que o bom relacionamento com o chefe gera mais resultado e dinheiro para a empresa.

Além disso, oito em cada dez profissionais pedem demissão por causa do chefe. Pelo menos é o que aponta um levantamento de uma consultoria de recrutamento realizado com candidatos a vagas de emprego.[2] O desempenho abaixo do esperado por parte de um líder é o principal motivo apontado tanto por quem pede para sair da empresa como por quem está desanimado no emprego.

Um relacionamento ruim entre líderes e seus colaboradores pode despertar nestes o desejo de sair da empresa, além de se refletir de outras maneiras no comportamento da equipe. Aqueles que assumem uma posição de distanciamento de seus liderados ou que só se aproximam para cobrar, criticar ou punir o time constroem uma equipe medrosa, sobrecarregada e perdida. E qual o resultado disso? Pessoas trabalhando infelizes em um ambiente hostil, o que leva a baixos resultados para as empresas.

---

[1] ACHOR, S. **O jeito Harvard de ser feliz:** o curso mais concorrido da melhor universidade do mundo. São Paulo: Benvirá, 2012.

[2] OITO em cada 10 profissionais pedem demissão por causa do chefe; veja os motivos. **G1 Economia**, 22 nov. 2019. Disponível em: https://g1.globo.com/economia/concursos-e-emprego/noticia/2019/11/22/8-em-cada-10-profissionais-pedem-demissao-por-causa-do-chefe-veja-os-motivos.ghtml. Acesso em: 5 jan. 2022.

É importante reforçar que o liderado pode dar ricas contribuições nesse relacionamento quando assume o papel de "líder protagonista", ajudando inclusive na mudança de postura do gestor. Em vez de trocar de empresa, ele pode atuar como um agente de transformação ao inspirar o seu líder atual a sair da posição de robô, algo que veremos mais adiante.

Por falta de habilidade para lidar com essas mudanças que estão acontecendo nas corporações, os problemas de lideranças distantes foram potencializados nessa fase de transição para uma transformação digital.

> **O profissional tem sofrido grandes pressões em decorrência das mudanças trazidas pela transformação digital.**

O mundo vem mudando com a entrada da tecnologia nos processos organizacionais, e o movimento foi acelerado a partir de 2020, quando o mundo se deparou com todas as mudanças decorrentes da pandemia de covid-19. Isso tem levado os profissionais a temerem perder espaço no mercado de trabalho e a sentirem que estão perdidos, ao que eles reagem querendo fazer tudo ao mesmo tempo, sem um controle. Aliado a isso, esses profissionais se sentem pressionados pelas cobranças inadequadas das organizações, que acabam tendo efeito inverso ao pretendido, ou seja, não levam a resultados efetivos. Aqui, alguns exemplos dessa atuação atabalhoada por parte das empresas:

> O LIDERADO PODE DAR RICAS CONTRIBUIÇÕES NESSE RELACIONAMENTO QUANDO ASSUME O PAPEL DE "LÍDER PROTAGONISTA", AJUDANDO INCLUSIVE NA MUDANÇA DE POSTURA DO GESTOR.

- Atuar com uma gestão "comando e controle", que funcionava no passado, mas que hoje já não se aplica: determinar o que o profissional tem a fazer, como se ele fosse uma máquina que não pensa nem cria, tirando a alma da inovação que existe no ser humano, formatando-o como um robô;
- Dar foco na gestão por conflito, instigando as pessoas a competirem entre si, o que resulta em uma competitividade destrutiva que desgasta a mente humana e leva a transtornos mentais – que eu costumo chamar de doenças da alma –, como o estresse, a depressão e a ansiedade;
- Adotar o mindset da "eficiência robótica", sobrecarregando os profissionais com cobranças que os obrigam a trabalhar mais do que o tempo ou volume humanamente aceitável, levando-os à exaustão e causando até casos de síndrome de Burnout, condições que levam ao afastamento compulsório do trabalho;
- Estabelecer metas desumanas, casos nos quais o chefe estabelece objetivos que já sabe que serão inatingíveis, o que só potencializa a ansiedade e diminui a produtividade do profissional ou da equipe, uma vez que o sentimento de impotência passa a imperar na vida dos colaboradores.

Em meio a tudo isso, o profissional precisa trabalhar feito máquina e produzir resultados sem entender o sentido do que está fazendo, sem conhecer o seu propósito. Assim, tudo fica maçante e pesado, roubando a vida das pessoas no mundo corporativo. Essa cobrança acontece por um despreparo do gestor, que não entende a importância do propósito para a entrega de qualidade do profissional. Mas será que isso acontece somente por parte do gestor ou também é responsabilidade de cada colaborador que se permite ser submetido a isso? Será que ser líder é papel somente de quem assume um cargo de gestão? Onde está a humanidade para promover mudanças em todo esse cenário?

Nesse contexto, o profissional vai se anulando, se esquecendo de que é humano e de que precisa cuidar de si, deixando de enxergar a oportunidade de crescimento pessoal que tem nas mãos, o que leva a impactos negativos para a sua vida e para os números da empresa em que atua.

É provável que você já tenha se percebido como um robô de produzir resultados, trabalhando como se estivesse passando por uma máquina de moer carne, tendo de ser eficiente em tudo o que realiza por conta das cobranças organizacionais, tanto de superiores quanto de pares e subordinados, quando estes não têm a habilidade da autogestão desenvolvida.

Em vez de se sentir como humano, você acredita que é um robô com diversos braços, mas há um momento em que descobre que só tem dois. Você é um especialista, sendo procurado por várias pessoas, clientes e áreas para dar respostas e resolver problemas, vira a madrugada para dar conta do volume monstruoso de trabalhos, e pensa: *O grande volume é somente neste mês, estamos passando por essa fase crítica do projeto.* Mas outras fases vão surgindo, com volumes cada vez maiores, e você deixa o trabalho te devorar.

E quando você assume um cargo de liderança? Aí a coisa pega ainda mais! Você acredita que precisa fazer mais e continua com a "mão na massa", concorrendo com sua equipe em uma perigosa atitude de microgerenciamento, querendo controlar todas as pessoas e todas as atividades, e se esquece do autocontrole para entender que, ao assumir a gestão, você precisa fazer diferente, e não simplesmente fazer mais.

O medo de não ser reconhecido por uma entrega que acredita só ser concreta e de qualidade se executada por você o faz atuar em duas frentes: como o especialista que deixou de ser e não se deu conta e também como o gestor que passou a ser e ainda não conseguiu virar a chave. Tudo isso acontece em função do medo de não ser reconhecido, e é quando você mesmo se sobrecarrega para depois, mesmo que inconscientemente, culpar a empresa. E qual o resultado disso tudo? Você fica perdido sem entender qual é o seu papel. Provavelmente você ainda não entendeu nem se deu conta de um ponto fundamental: ==o seu resultado é o que o time produz, é a equipe que você precisa desenvolver==.

Você tem se sentido como um "robô" ou como um "ser humano"?

Imagino que você se sente ameaçado por toda essa onda tecnológica e pensa que não tem como acompanhar todas as transformações, e então sente bater o desespero. Se isso está acontecendo, é provável que você sinta uma mistura de ansiedade e sensação de estar perdido, querendo abraçar o mundo com dois braços, como se tivesse oito, esquecendo-se de cuidar de si.

Se na era da transformação digital – quando a tecnologia deveria ajudá-lo a ser mais produtivo e ter maiores resultados com menor esforço – você está trabalhando feito máquina, com muito mais demandas do que daria conta de maneira saudável, saiba que algo está errado. Por isso é fundamental entender as causas que o levam a agir assim. Esse é o primeiro passo rumo a grandes saltos na carreira, com mais leveza e resultados ágeis nas empresas.

capítulo 2

MEDO, SOBRECARGA E SENSAÇÃO DE ESTAR PERDIDO

O PENSAMENTO DE QUE A INTELIGÊNCIA ARTIFICIAL VAI ROUBAR O SEU LUGAR

O maior medo do profissional hoje é perder espaço na carreira e não ter como sobreviver, especialmente aqueles que têm uma família para sustentar ou que desejam construir uma. Esse profissional se sente ameaçado por uma máquina e, o que é pior, passa a agir como ela em vez de se diferenciar, de se posicionar como humano com ideias independentes e criativas.

Todo esse temor começa na mente, quando surgem frases repetitivas e pensamentos negativos: *o seu trabalho vai deixar de existir, a inteligência artificial vai roubar a sua profissão*. É como viver se sentindo constantemente ameaçado, o que gera ansiedade e pode levar à Síndrome do Pensamento Acelerado (SPA), descrita pelo escritor Augusto Cury em seu livro *Ansiedade*.[3] Dessa maneira, o profissional não consegue ter paz: é como se estivesse o tempo todo correndo, e o tempo todo em uma corrida psicológica que tira energia física e mental.

> *Ana trabalhava como desenvolvedora de software em uma multinacional havia oito anos e gostava muito do que fazia. Porém, nos últimos dois anos passou a sentir um desconforto, era como se estivessem lhe roubando algo que ela ainda não entendia exatamente o que era. O medo passou a fazer parte de seu dia a dia, presente desde o momento em que acordava até a hora de se deitar, quando ela deveria descansar para recarregar as energias para o dia seguinte. Entretanto, isso não acontecia.*

---

[3] CURY, A. **Ansiedade:** como enfrentar o mal do século. São Paulo: Saraiva, 2013.

Ao deitar, os pensamentos pipocavam em sua mente, causando uma insônia e uma angústia que tomavam conta de seu coração e estômago. Depois de breves cochilos, o despertador já tocava, indicando a hora de levantar para mais um dia. Uma rotina que antes era prazerosa passou a ser cansativa, uma exaustão gerada pela falta de energia, pelas noites mal dormidas e pelo medo constante e indefinido.

Nas reuniões com os clientes, ela não conseguia estar inteiramente presente, pois vinham logo novos pensamentos relacionados ao que tinha de fazer no momento seguinte. Ela parecia estar fugindo de ouvir o que não queria: assuntos relacionados à tal da "inteligência artificial". Quando os clientes começaram a se referir às novas ferramentas do mercado para modernizar os processos, ela passou a ver essas possibilidades digitais como inimigas, o que só aumentava seu medo de perder espaço.

Inconscientemente, Ana criou inimigos imaginários por dar foco ao que ela poderia perder, esquecendo-se de que todas essas mudanças poderiam, de alguma maneira, representar ganhos para sua vida e sua carreira. Ela mesma estava criando o monstro dentro de si, em seus pensamentos. Ainda que culpasse a empresa ou a inteligência artificial, era ela quem mais perdia.

Stephen R. Covey, em seu livro *Os 7 hábitos das pessoas altamente eficazes*,[4] explica o princípio 90/10: 10% do que acontece em nossa vida diz respeito ao contexto em que estamos inseridos e estão fora de nosso controle. Os 90% restantes são resultado de

---

[4] COVEY, S. R. **Os 7 hábitos das pessoas altamente eficazes:** lições poderosas para a transformação pessoal. Rio de Janeiro: BestSeller, 2017.

como nos relacionamos e nos posicionamos diante do que acontece. Assim também acontece com a inteligência artificial. Ela corresponde aos 10%, e cabe a nós, como profissionais, nos posicionarmos diante dessa realidade fazendo acontecer, buscando nos desenvolver de maneira criativa e dando conta dessas transformações, a começar pelo nosso padrão de pensamento, assumindo a responsabilidade pelos 90% que podemos controlar.

Será que Ana pode mudar esse pensamento sendo protagonista da própria vida e carreira e avaliando seriamente o que pode vir a ganhar com toda essa transformação digital? A resposta é sim.

A verdade é que estamos tendo uma oportunidade única de nos posicionarmos diante da vida em meio a todas essas mudanças, mas muitos profissionais ainda não acordaram para isso e continuam temendo o futuro. E sabe qual a consequência de tudo isso? Saem atirando para todos os lados, sobrecarregando-se para fazer tudo ao mesmo tempo, como se esse esforço fosse resolver e mudar o padrão de pensamento responsável por todo o processo para gerar resultados. É um movimento que funciona assim: se eu penso que a inteligência artificial vai roubar o meu lugar, fico com medo, e isso me faz correr para todos os lados – por não saber estabelecer quais são as prioridades nem saber dizer não ao que não é –, trabalhando de maneira desorientada, o que acarreta resultados desastrosos. Tudo isso gera uma sobrecarga, e eu fico sem energia até para pensar e, assim, acabo atuando sem consciência de minhas atitudes.

A COBRANÇA POR FAZER TUDO AO MESMO TEMPO

Quando o profissional não se encontra naquilo que faz ou se esquece de fazer suas escolhas de maneira consciente, aceita trabalhar em qualquer empresa que lhe pague um salário suficiente para quitar os seus boletos e faz o que vier de demanda, ficando, profissionalmente, ao sabor do vento.

Essa falta de entendimento do seu propósito, do que dá sentido ao que está fazendo, leva as pessoas a aceitarem qualquer coisa e assim acabam fazendo tudo. Isso leva a duas situações, ambas desastrosas: a sobrecarga e o sentimento de estar perdido.

A empresa em que Luiz trabalhava abriu espaço para a realização de um meetup,[5] *um encontro para falar do "impacto do seu papel para o mundo", com a participação de profissionais das mais diversas áreas, tanto de tecnologia, como de recursos humanos, comercial, jurídica, logística, entre outras.*

O início do encontro ocorreu a partir da abordagem de um especialista em desenvolvimento humano que falou sobre o quanto muitos profissionais estão infelizes e sobrecarregados por não entenderem o seu propósito, algo que já chamou atenção de Luiz. Ele pensou: Como é que funciona isso? Eu simplesmente trabalho.

Depois dessa abordagem inicial, foi aberto espaço para as pessoas falarem do seu dia a dia e o impacto que causavam no mundo. E Luiz resolveu falar:

— Eu faço de tudo um pouco. Há dois meses, fui promovido a líder técnico e agora faço ainda mais coisas, pois além de desenvolver produtos, também lidero o meu time. Eu não tenho tempo nem para respirar, e isso me faz acreditar que estou fazendo muitas coisas pelo mundo.

Aline, que atuava na área comercial, perguntou ao Luiz:

---

[5] O significado das palavras em destaque estão em um glossário na página 188.

— Com tudo isso que você faz, como você acredita que impacta o mundo?

Luiz ficou em silêncio, pensativo, sem saber o que responder, porque percebeu que o que fazia era um amontoado de atividades, cujo motivo nem ele mesmo entendia, já que nem o seu superior nem a empresa tinham deixado claro para ele. Esses eram os culpados por ele não entender o sentido do que fazia. A única certeza era a de que conseguia pagar as contas. E foi o que respondeu:

— Eu pago minhas contas em dia.

Nossa! Que soco no estômago ele deu e recebeu. Depois de responder, parece que caiu uma ficha: a sua sensação de estar perdido e o cansaço constante provavelmente vinham daí, da falta de clareza do seu papel no mundo.

Após aquele silêncio geral, Luiz falou:

— Parece que nada é por acaso. Eu ter vindo aqui hoje foi um presente. Começo a entender que eu tenho um emprego *para pagar as contas*, porém vejo que preciso encontrar, em meio a todas as minhas atividades, qual trabalho *faz sentido para mim*, uma vez que todas elas eu faço por fazer. E me falta motivação para acordar todo dia, que não seja apenas pagar minhas contas.

Aline acrescentou:

— Quando eu lhe fiz a pergunta, Luiz, no fundo eu queria me escutar. Eu estava fazendo esse questionamento para mim, pois tenho me sentido cansada sem entender meu impacto no mundo. Não pode ser só vender. Preciso entender o impacto do que vendo na vida das pessoas. Talvez isso me traga mais alegria no dia a dia.

A profissional que estava conduzindo o debate deu os parabéns pela humildade de Luiz e Aline. Disse que aquele era o primeiro passo de uma longa jornada para impactar *o mundo: o autoconhecimento. Disse que seria importante eles buscarem se conhecer mais, entendendo o seu propósito, e forneceu diversos caminhos para isso.*

Enquanto o profissional não entender qual é o seu propósito e o seu posicionamento, ele vai abraçar o mundo – mesmo sentindo-se inseguro, sobrecarregado e sem direção –, e seguir por onde o mundo lhe direcionar, sendo vítima do destino que cria para si ao se omitir.

A INCERTEZA DO FUTURO

Tiago estava desesperado: uma multinacional adquiriu a empresa em que ele atuava. Era um cenário de muita incerteza, e tudo o que ele tinha eram dezenas de perguntas que insistiam em vir a sua mente: Vou continuar na empresa ou não? Será que serei demitido? Meu cargo vai sumir? O que vão fazer comigo? O que será de mim?

Quando ele já não estava mais dando conta de tanta "autotortura psicológica", como ele se referia a todos esses questionamentos, decidiu chamar um amigo para conversar, pois precisava de ajuda por se sentir tão desnorteado. Já não conseguia mais dormir.

Alan recebeu a mensagem de Tiago com o pedido de ajuda, dizendo que precisava marcar um papo. No final daquele dia, saíram para tomar um chope num bar perto da empresa.

Tiago estava agitado e Alan parou para escutar suas inúmeras queixas:

— Cara, eu não sei o que será de mim. Meu chefe não me preparou para essas mudanças nem me avisou que seríamos comprados por outra empresa.

ENQUANTO O PROFISSIONAL NÃO ENTENDER QUAL É O SEU PROPÓSITO E O SEU POSICIONAMENTO, ELE VAI ABRAÇAR O MUNDO — MESMO SENTINDO-SE INSEGURO, SOBRECARREGADO E SEM DIREÇÃO —, E SEGUIR POR ONDE O MUNDO LHE DIRECIONAR, SENDO VÍTIMA DO DESTINO QUE CRIA PARA SI AO SE OMITIR.

E Alan disse:

— Eu também não sabia dessas mudanças, mesmo sendo gerente de uma área estratégica. Parece que tudo foi decidido pela alta gestão e somente agora pudemos ser informados. É assim mesmo que funciona, não adianta reclamar. Precisamos acreditar em nosso potencial e seguir em frente com foco no que queremos para nossa carreira, sem deixar de levar em conta se queremos continuar ou se desejamos sair da empresa.

Tiago ficou surpreso com a reação do Alan e disse:

— Eu gostaria de ter essa sua autoconfiança, meu amigo. Enquanto estou aqui cheio de medos, sem saber qual será o meu destino, o que me espera no futuro, você está aí, tranquilo.

— Pois é exatamente essa a questão, Tiago. Você está sempre deixando suas questões na mão dos outros, e já observei que é assim em sua vida pessoal também. Assim você só tem um caminho: ficar com medo e culpar os outros por tudo o que acontece a você.

Alan deu uma sacudida em Tiago, fazendo-o entender que a grande mudança não estava na aquisição da empresa em que ele trabalhava, mas em como ele se posicionaria diante do que estava acontecendo. Por fim, aconselhou o amigo:

— O primeiro passo deve ser marcar um papo com sua liderança direta para falar sobre suas inquietações e tirar essa sobrecarga de pensamento da sua mente, isso deve estar drenando sua energia que deveria estar sendo empregada no trabalho e no dia a dia. A partir daí você decide o que vai fazer. Ou você quer deixar que as pessoas continuem decidindo por você? A escolha está em suas mãos.

Tiago ficou reflexivo, ainda se sentindo perdido, mas aliviado por ter desabafado, o que gerou um novo ponto de vista. A partir daquele papo, ele começou a dar os primeiros passos em direção ao entendimento de que o seu futuro estava em suas mãos. Agradeceu a Alan e se comprometeu a rever seus pensamentos e atitudes.

Será que você se sente como o Tiago, afogado na incerteza do futuro?

É importante saber que não podemos prever o que vai acontecer, mas enquanto mantivermos a mentalidade de uma pessoa passiva ou que assume o papel de vítima, ficaremos com ansiedade e receio do que possa vir a acontecer em nossa vida. É hora de agir.

Muitos profissionais estão com esse mindset diante das mudanças que o mundo corporativo vem passando, esquecendo-se de viver o hoje. Isso se torna um terror que domina as emoções e leva a um intenso estado de paralisia.

==É importante saber que não podemos prever o que vai acontecer, mas enquanto mantivermos a mentalidade de uma pessoa passiva ou que assume o papel de vítima, ficaremos com ansiedade e receio do que possa vir a acontecer em nossa vida. É hora de agir.==

Às vezes, nos deixamos paralisar por questões externas, ficando na queixa, sem realizar no presente por não saber como será o futuro. O pior de tudo é que, pela incerteza do futuro, pelo medo de uma demissão que talvez nem aconteça, por exemplo, as pessoas se sobrecarregam com mais atividades do que poderiam aceitar, como se isso fosse a garantia de um lugar ao sol. Essa obrigação, muitas vezes autoimposta, de ter de fazer muitas coisas o tempo todo, tira a energia para a vida e a canaliza para um fazer desenfreado, pois a pessoa acredita que pode se transformar em uma máquina de produzir resultados. Entretanto, isso gera um efeito inverso: os resultados deixam de ser conquistados em função do cansaço da alma humana gerado pela sobrecarga. Isso, sim, pode ser o caminho para uma demissão, pois faltará energia para produzir.

ACREDITAR QUE VOCÊ TEM DE SER MAIS UMA MÁQUINA DE PRODUZIR RESULTADOS

As pessoas que atuam como máquinas de produzir resultados agem como se não tivessem alma e não conseguissem enxergar nada além do trabalho. Muitas perdem o prazer por momentos de lazer, pois se esquecem de que são humanas. Elas se perdem em relação aos próprios sentimentos, pois não sabem qual o sentido da própria vida. Tudo passa a ser pesado, inclusive momentos em família.

É algo grave que precisa ser revisto, pois não somos robôs, e conseguir manter a conexão com nosso ser enquanto alma é essencial.

Débora andava exausta, cultivando uma raiva no coração em relação à empresa e a seus colegas de trabalho. Sentia-se sobrecarregada e culpava a todos, inclusive o esposo e os filhos. Estava de mal com a vida. Não entendia o porquê de trabalhar tanto sem ter resultados no seu projeto de vida nem em sua carreira. Julgava os profissionais que se divertiam no dia a dia profissional. A única atividade em que enxergava valor era o seu emprego. Até que um dia ela foi abordada por um colega que era considerado por todos uma referência no que se refere a conquistar resultados com qualidade de vida. Um líder protagonista no mundo ágil: o Arthur.

— Oi, Débora, como vai você?

— Estou bem.

— Você está realmente bem ou só está sendo educada?

Ela ficou surpresa com aquela pergunta e pensou: Será que o Arthur está lendo meus pensamentos? Ficou encabulada e sem saber o que responder, ainda mais quando o colega acrescentou:

— Me perdoe se estou sendo invasivo, mas quero que você, em primeiro lugar, saiba que, se falo assim, é com o grande desejo de ajudar você, pois a admiro por sua capacidade técnica e excelência de entrega. Tenho receio de que não sustente essa performance, pois sempre vejo você reclamando dos clientes, dos colegas; nas reuniões você só critica as atitudes dos outros. E o pior: percebo um ar triste em seu semblante.

Débora pensou em reagir agressivamente diante daquela abordagem, mas sabia o quanto Arthur lhe queria bem, o quanto a havia ajudado em outros momentos e resolveu o ouvir com calma. Propôs tomarem um café, o que fizeram naquele mesmo dia.

Pela primeira vez, Débora parou para conversar sobre sua carreira, não sobre seu trabalho. Sobre sua vida! Falou:

— Parece que você tem uma bola de cristal, Arthur. Eu não ando nada bem e sempre fujo de falar de minhas questões, mas algo me diz que a hora é agora. Eu já não estou suportando mais. Eu me sinto como um robô de produzir resultados e não consigo sair desse modelo nem mesmo em minha casa. Estou sempre planejando ou fazendo alguma coisa, não paro nem para curtir meu esposo e nossos filhos.

Arthur não precisou falar mais nada. Só ouviu. Foi o suficiente para Débora se escutar também enquanto desabafava.

— Você foi em minha ferida, meu amigo. Eu estou com medo de não conseguir mais entregar com excelência, pensando em desistir, mas me parece que é porque minha vida se resumiu a trabalho, e estou precisando de um fôlego. Preciso cuidar de mim!

Existe algo em comum na abordagem dos personagens que trouxe até aqui nesses *cases*: a terceirização da culpa. A posição de vítima, de queixa em relação ao líder, ao colega, à família e à empresa. É importante entender que desde criança aprendemos, com nossos modelos, a sermos vítimas, não somos ensinados a nos posicionar, uma vez que crescemos com pais e professores nos dizendo o tempo todo o que devemos fazer.

Nesse sentido, o medo, a sobrecarga e a sensação de estar perdido são causas criadas pelas pessoas por uma falta de posicionamento, uma falta de protagonismo diante do que acontece no mundo ou, até mesmo, diante do que acontece com elas. Como afirmou Jean Paul Sartre, "Não importa o que fizeram com você. O que importa é o que você fez com aquilo que fizeram com você".[6]

Podemos também adaptar essa frase do Sartre para "O que importa é o que você fez diante do que deixaram de fazer por você".

Vejo alguns profissionais reclamando de estarem sobrecarregados por causa do que outras pessoas no ambiente de trabalho deixam de fazer. Se você vive uma situação assim, minha pergunta é: você não faz nada diante disso? Ser protagonista é também deixar que essas pessoas saibam qual o impacto da postura delas em você, seja a partir de um feedback sincero e respeitoso ou mesmo da delegação dessas atividades para outras pessoas, caso você tenha como fazer isso. Carregar o mundo nas costas não é ser protagonista, uma vez que você está se queixando de alguém.

O que acha de fazer uma viagem por uma trilha que vai ajudá-lo a dar conta dessas questões e a conquistar resultados com leveza? Vem comigo pois vou lhe mostrar o caminho.

---

[6] SARTRE, J. P. Não importa o que fizeram com você. **Pensador**, 2005-2022. Disponível em: https://www.pensador.com/frase/NDEzODY1/. Acesso em: 5 jan. 2022.

capítulo 3

O CAMINHO: O PROTAGONISMO ÁGIL COMO UMA NOVA ATITUDE

Para ser líder no mundo da transformação digital, quando as empresas bem-sucedidas são ágeis e buscam ser cada vez mais horizontais, não é necessário que você assuma uma posição de gestão. Ser líder vai muito além de um cargo. Protagonizar a transformação digital é atingir os resultados esperados e ainda sentir-se realizado profissionalmente todos os dias. Não tenha medo, esse novo mundo é para você!

Este livro traz um método para você desenvolver a sua liderança enquanto *soft skill*, tornando-se um líder ágil ao assumir o protagonismo para a sua realização profissional e com autoconfiança, o que também trará resultados sensacionais para a empresa em que você atua.

Ser protagonista é ter autoconhecimento e disciplina para entrar em ação e conseguir mudar hábitos já instaurados e consolidados durante a sua trajetória de vida e carreira. É tomar a primeira atitude sem esperar pelos outros. É um movimento que começa em você e no padrão de seu pensamento. Corresponde a uma nova atitude mental, mudando o mindset de "fixo" para o "de crescimento". Veja o quadro a seguir, inspirado no livro *Mindset*, de Carol S. Dweck:[7]

	MINDSET FIXO	MINDSET DE CRESCIMENTO
HABILIDADES	NASCI COM ELAS	EU DESENVOLVO
OBSTÁCULOS	EU DESISTO PARA NÃO FRACASSAR	EU PERSEVERO PARA SUPERAR E TER SUCESSO
FALHAS	NÃO SOU BOM NISSO	EU APRENDO COM ELAS
SUCESSO ALHEIO	EU INVEJO	EU ME INSPIRO
MUDANÇA	RIGIDEZ	FLEXIBILIDADE
RESULTADO	**VÍTIMA**	**PROTAGONISTA**

[7] DWECK, C. S. **Mindset:** a nova psicologia do sucesso. Rio de Janeiro: Objetiva, 2017.

Para ser líder no mundo da transformação digital, quando as empresas bem-sucedidas são ágeis e buscam ser cada vez mais horizontais, não é necessário que você assuma uma posição de gestão. Ser líder vai muito além de um cargo.

O líder protagonista utiliza a mentalidade crescente e a cultura ágil para alavancar resultados pessoais e profissionais. Ao desenvolver essa atitude mental, ele conquista mais resultados, com sucesso e felicidade. Ele entende que:

- Habilidades são sempre possíveis de serem desenvolvidas;
- Obstáculos surgem para que sejamos perseverantes ao avançarmos e evoluirmos;
- Aprendemos com as falhas e nos inspiramos com as pessoas de sucesso;
- É essencial sermos flexíveis para surfarmos nessa onda de mudanças.

Ao agirmos assim, estaremos assumindo a responsabilidade pelo que queremos conquistar, caminho essencial para a nossa realização.

Você terá acesso a *cases* e ferramentas na jornada deste livro, que começa com a abordagem da transformação digital enquanto transformação humana, engrenagem da qual você é peça fundamental, mas uma peça feita de carne, ossos e sentimentos. Nesse sentido, é fundamental você entender a importância do seu posicionamento enquanto líder protagonista, fazendo o uso do mindset da agilidade, ou seja, o mindset da eficácia. Em seguida, você vai compreender a importância de sua autogestão na relação com o tempo, o que será base para você viver o presente e construir o futuro. Assim, você se transformará em um agente de transformação, atuando como um líder inspirador.

Esse caminho o ajudará a deixar a sobrecarga e o medo para trás ao seguir na direção da coragem, agindo com o coração. Você sairá da posição do estar perdido para a de se encontrar enquanto ser humano, pois o seu desenvolvimento profissional só acontece a partir daí, do seu desenvolvimento pessoal. Esse é também o caminho para as empresas crescerem nesse novo mundo do trabalho, no qual ter colaboradores protagonistas é o que alavanca os negócios.

No livro *Jornada ágil de liderança*,[8] é citado um estudo realizado pelo LinkedIn naquele ano que apontou que a liderança foi classificada como a habilidade mais necessária a ser desenvolvida pelos colaboradores em 2019, necessidade que acredito ter sido reforçada durante a pandemia de covid-19, com os profissionais trabalhando em home office, sem chefes por perto para comandá-los nem controlá-los. Esse é um importante caminho para a transformação digital, que demanda das empresas uma gestão cada vez mais horizontalizada, o que só é conquistado a partir do protagonismo de cada profissional – seja ele gestor ou não –, para que se desenvolva enquanto líder que faz acontecer.

Vem comigo, com o Matheus e a Marília nessa jornada:

---

[8] MUNIZ, A. *et al.* **Jornada ágil de liderança:** entenda como desenvolver times protagonistas para resultados inovadores e sustentáveis no mundo digital. Rio de Janeiro: Brasport, 2020.

Matheus e Marília trabalhavam na mesma organização, atuando na área de saúde. Ele era médico e ela da área de tecnologia, bem conectada com o mundo ágil, de flexibilidade e leveza. Eles se viam sempre nos corredores, especialmente nos momentos do cafezinho ou almoço, mas nunca tinham sentado para conversar.

Marília ouvia falar que Matheus, aquele doutor sério e carrancudo, vivia reclamando de sua equipe da UTI. Estava sempre em "coma da tristeza", com um ar pesado, cansado e desanimado. Ele determinava o que as pessoas de sua equipe tinham de fazer, e quem não obedecesse às suas ordens recebia bronca na frente de todos. Essa era a única "gestão à vista" que ele conhecia. Tinha muita inveja de seus colegas e resistia a qualquer possibilidade de mudança, o que via como obstáculo, por um grande medo de falhar. Quando acontecia um problema no hospital, ele era sempre a vítima, culpando outros profissionais e áreas.

Sabe o que ele ouvia falar de Marília? Nada, pois não se interessava por mais ninguém além de si. Mas, certo dia, algo inusitado aconteceu e fez com que eles se sentassem juntos no restaurante.

Quando o médico pegou sua refeição, olhou para todos os lados do refeitório e o único lugar vazio era em uma mesa de dois lugares, na qual Marília já estava sentada. Ele não teve outra saída a não ser pedir licença para se sentar ali.

Comiam em silêncio, em um ar de constrangimento, quando Marília decidiu quebrar aquele gelo e perguntou:

— Você trabalha na UTI, não é?

E ele prontamente respondeu:

— Sim, eu sou o dr. Matheus, chefe da UTI.

> SER PROTAGONISTA É TER AUTOCONHECIMENTO E DISCIPLINA PARA ENTRAR EM AÇÃO E CONSEGUIR MUDAR HÁBITOS JÁ INSTAURADOS E CONSOLIDADOS DURANTE A SUA TRAJETÓRIA DE VIDA E CARREIRA.

— Eu sou Marília, da área de tecnologia.

No fundo ele achou uma grande ousadia daquela jovem se dirigir a ele de maneira tão informal, mas foi tocado por uma pergunta simples que Marília fez e que chegou com muito poder em seu coração.

— Você tem filhos?

— Tenho.

Ela insistiu em aprofundar o papo:

— Quantos?

— Dois.

— De que idade?

— Tenho uma menina de 23 anos e um rapaz de 18.

— Que bacana! Ela tem a minha idade.

O dr. Matheus ficou reflexivo quando se lembrou de que a filha era da área de Marketing e estava fazendo uma pós-graduação em métodos ágeis em uma faculdade de tecnologia. Percebeu que a filha tinha algo em comum com aquela garota que, de ousada, passou a fazer parte de seu mundo de uma maneira especial. Parece que ele começou a exercitar a empatia, quando falou:

— Minha filha está estudando sobre agilidade, um conteúdo originado em sua área, na tecnologia. Você conhece?

— Sim! Aqui no hospital estamos implementando vários projetos para o fortalecimento da agilidade em todas as áreas.

Diante da postura formal daquele médico, Marília perguntou:

— O senhor quer conhecer mais do assunto? Prefere que eu o chame de você ou de senhor?

Ele respondeu:

— Estou tão acostumado a ser chamado de "senhor" que já me é familiar, mas pode me chamar de "você". Começa a parecer mais confortável e menos pesado.

Depois de almoçarem, os dois se despediram com um ar mais leve, já tendo marcado de se encontrarem no dia seguinte para trocarem mais ideias. Dois meses depois, Matheus estava implementando, com o suporte de Marília, o kanban, ferramenta de gestão à vista e colaborativa para auxiliar na administração das atividades de sua equipe.

O seu dia a dia no trabalho passou a ser mais leve, e a equipe trazia cada dia mais resultados, de maneira espontânea, sem precisar de suas ordens para as coisas acontecerem. Uma transformação já havia começado com a mudança de mindset do Matheus, graças à ajuda de Marília, especial agente de transformação.

E você, se identificou com alguma das personalidades ou com um pouco dos dois? Vem comigo descobrir o que você tem de Marília e de Matheus para navegarmos juntos nessa onda de mudanças, de mãos dadas, fazendo acontecer o que você deseja em sua trajetória. A escolha é sua!

capítulo 4

A TRANS- FORMAÇÃO DIGITAL

LÍDER PROTAGONISTA NA TRANSFORMAÇÃO DIGITAL

Entender um pouco mais do processo da transformação digital é o primeiro passo do caminho Protagonismo Ágil como nova atitude.

Estamos em um momento em que algumas empresas estão ensaiando a transformação digital, enquanto outras já nasceram digitais. E as mudanças decorrentes de tudo o que aconteceu entre 2020 e 2021 (sobretudo a pandemia de covid-19) acelerou esse processo em todas elas. Uma transformação que vai além dos aplicativos, uma vez que essa transformação é humana. Corresponde a mudança de cultura, a uma nova forma de pensar e de agir, a uma "Nova Economia", expressão que também é título do livro de Diego Barreto, VP financeiro e de estratégia do iFood.

Barreto afirma que a Nova Economia é uma revolução de comportamento, "conceitualmente incompatível com o machismo, o racismo, a xenofobia e intolerância de qualquer natureza". E que "trabalhar pela diversidade faz parte dos princípios de líderes que reconhecem o quão essencial é nossa capacidade de pensar de maneira diferente, condição para atingir resultados melhores. Significa cultivar a inclusão por saber que as pessoas fazem seu melhor quando são estimuladas a ser elas mesmas".[9]

Em seu livro, ele aborda a importância de os líderes exercerem a humildade e se adaptarem aos jovens que estão ingressando no mercado de trabalho agora, pois eles vão liderar a economia brasileira em algumas décadas, em um mundo cada vez mais BANI.

---

[9] BARRETO, D. **Nova Economia:** entenda por que o perfil empreendedor está engolindo o empresário tradicional brasileiro. São Paulo: Gente, 2021. p. 65 e 159.

O termo BANI foi criado em 2018 pelo antropólogo norte-americano Jamais Cascio, a partir da junção da primeira letra de quatro palavras que definem o mundo em que vivemos hoje: *Brittle* (frágil), *Anxious* (ansioso), *Nonlinear* (não linear) e *Incomprehensible* (incompreensível). Cascio acredita que o BANI representa a evolução natural do mundo VUCA, conhecido pela *Volatillity* (volatilidade), *Uncertainty* (incerteza), *Complexity* (complexidade) e *Ambiguity* (ambiguidade).[10] Com a aceleração da transformação digital em 2020 e 2021, o termo BANI passou a fazer ainda mais sentido.

Para sobreviver e evoluir nesse mundo, é essencial ser "antifrágil", termo criado por Nassim N. Taleb, analista de riscos líbano-americano, autor de um livro que leva esse mesmo título.[11] Para atingir a antifragilidade, é necessário não camuflar a vulnerabilidade, mas reconhecê-la, para então superá-la. Ele indica alguns pontos para desenvolver a antifragilidade em um líder:

- Não deixar de agir pelo medo do erro;
- Dar e receber feedbacks na relação com o time;
- Estudar crises parecidas com a que você está passando para saber como agir;
- Desconfiar quando tudo caminhar bem e tranquilo demais;
- Não adiar os problemas. Encare-os de frente e leve-os como aprendizado para futuros projetos.

---

10 MUNDO BANI: o que é e como pode impactar sua rotina. **Blog IEEP**, 10 jun. 2021. Disponível em: https://www.ieepeducacao.com.br/mundo-bani/. Acesso em: 5 jan. 2022.

11 TALEB, N. N. **Antifrágil:** coisas que se beneficiam com o caos. Rio de Janeiro: Objetiva, 2020.

Devemos nos jogar nas incertezas, nos permitir passar por situações de pressão inesperadas. Esse é um caminho essencial para nos desenvolvermos no caos. Tudo isso corresponde à mudança de "modelo de pensamento" para o desenvolvimento da antifragilidade do líder, que pode ser treinada e aprendida.

Desenvolver a antifragilidade representa o fortalecimento de nossos músculos mentais, preparando-nos para esse novo mundo em que exercitar a nossa autoconfiança é fundamental. É acreditar na vida e na nossa capacidade de darmos conta dos desafios, é ter confiança na selva das mudanças e, especialmente, em nossa capacidade de nos transformarmos.

O líder protagonista tem essa habilidade desenvolvida e as empresas da nova economia precisam desses profissionais, sejam eles gestores ou não. Essa atitude é a trilha para levar as corporações para outro patamar, pois são esses profissionais que transformarão o mundo dos negócios, promovendo a transformação digital e também a transformação cultural e de mindset, pois ela é realizada por humanos.

Essas são atitudes que promovem a inovação. Renato Grinberg, no livro *A excelência do olho de tigre*, afirma que é importante o profissional ser "água" (flexível e ágil no aprendizado), "terra" (ter fundamentos sólidos), "fogo" (sair da inércia e tomar uma atitude) e "ar" (visionário, com fé e propósito).[12] Nesse sentido, o caminho corresponde ao desenvolvimento de soft skills que geram novo valor no mundo dos negócios.

---

[12] GRINBERG, R. **A excelência do olho de tigre:** como atingir resultados cada vez mais extraordinários como profissional ou empreendedor. São Paulo: Gente, 2016.

> NÃO É O SUCESSO QUE LEVA À FELICIDADE, MAS O CONTRÁRIO. OS COLABORADORES, EXECUTIVOS E EMPRESÁRIOS FELIZES SÃO AQUELES QUE ALCANÇAM O SUCESSO.

A ERA DO EQUILÍBRIO ENTRE A INTELIGÊNCIA ARTIFICIAL E A INTELIGÊNCIA EMOCIONAL

É na perspectiva do desenvolvimento de soft skills que a inteligência artificial está nos oferecendo a oportunidade de agregarmos novas habilidades. Está em nossas mãos a escolha entre deixar tudo o que é repetitivo para a máquina, nos redescobrindo como humanos, e nos transformarmos em robôs produzindo em escala.

Para isso, é essencial sair do medo e seguir na direção da "coragem". Na jornada de conquista dessa coragem, precisamos "desaprender o aprendido" e "reaprender o desaprendido". Desaprender o aprendido no sentido de desapegarmos dos julgamentos e dos medos, do ego e da formalidade que aprendemos no mundo corporativo tradicional. A partir daí, abriremos caminho para reaprendermos o desaprendido, resgatando a intuição, a criatividade e a liberdade de sermos espontâneos, aprendendo com os erros. Assim, teremos coragem, o que representa "agir com o coração", como já citado no capítulo anterior.

Ajudar na mudança desse mindset e no desenvolvimento dessas soft skills é um trabalho que tenho desenvolvido com muitos profissionais em processo de coaching, aulas e treinamentos, e promove o entendimento de que o robô só vai tomar conta de seus espaços de trabalho se eles permitirem, se continuarem com velhos pensamentos e não se abrirem para esse novo "reaprender o desaprendido" para inovar na carreira e nos negócios.

A IA, na verdade, vai proporcionar, cada dia mais, a origem de novas profissões que vão demandar o desenvolvimento da empatia, da criatividade, da convivência e do fortalecimento da inteligência emocional (IE), pois estamos na era do equilíbrio entre a IA e a IE, um mundo cada vez mais *tech* e também cada vez mais *touch*. Essa atitude é que vai perpetuar o negócio e a competitividade do profissional no mercado, abrindo novas frentes, com flexibilidade para mudar quando for necessário.

Em seu livro *O jogo infinito*,[13] Simon Sinek afirma que, para perpetuar o negócio, a mentalidade do líder deve visar a confiança, a inovação e a colaboração, coisas que proporcionam realização e arrastam multidões.

A agilidade é um movimento com esse mindset e tem arrastado multidões de profissionais como importante base para a transformação digital. A cultura ágil já não é mais uma novidade para o futuro, é extremamente atual. É uma nova mentalidade dentro de modelos de gestão e culturas empresariais existentes.

Os valores ágeis têm como propósito a humanização como caminho para potencializar os resultados, delegando maiores responsabilidades às equipes que têm a possibilidade de desenvolver a autogestão. Dessa maneira, todos possuem conhecimento a respeito do desempenho individual de cada um do time, cobrando resultados uns dos outros de maneira espontânea e motivadora, sem esperar os comandos dos gestores, muito menos de hierarquias estipuladas no negócio.

> *Uma empresa da área financeira estava perdendo espaço para startups que vinham crescendo de maneira exponencial no mercado brasileiro e começou a entrar em desespero, pois estava perdendo também profissionais que migravam para esse novo mundo. Em uma reunião entre executivos, buscou-se entender o que estava*

---

[13] SINEK, S. **O jogo infinito**. Rio de Janeiro: Sextante, 2020.

acontecendo. Um deles, Lucas, de apenas 28 anos, e que tinha vindo de uma dessas organizações da nova economia com o desafio de provar que é possível transformar a cultura de uma corporação para se manter de maneira competitiva no mercado, tomou a palavra e propôs:

— Acredito que devemos ouvir outras pessoas e não somente nós do C-level. A empresa é muito mais do que nós, executivos. Temos gerentes, líderes técnicos, analistas, especialistas e tantos outros profissionais. Vamos ouvi-los.

Depois de um longo silêncio e dos executivos se olhando com ar de espanto, um deles perguntou:

— Como assim?

Lucas respondeu:

— Com simplicidade e espontaneidade, sem formalidades, como agora: estou aqui pedindo a ajuda de vocês para abrirmos espaço e pedirmos ajuda aos nossos colaboradores. Vamos perguntar em que as pessoas acreditam que levam pequenas empresas a crescerem tanto, enquanto nós estamos estagnados. Ouviremos quem entende do negócio e também leigos no assunto, mas que falarão com o coração.

Após a concordância dos executivos, foi realizado o convite para um bate-papo informal sobre "O nosso futuro enquanto empresa". Cinco por cento dos mil colaboradores apareceram, porém bem desconfiados. Como assim? Eles querem nos ouvir?

Lucas tomou a frente e falou:

— Estamos perdendo espaço para empresas muito menores do que nós e precisamos crescer. Vocês são importantes nesse processo, por isso queremos ouvi-los.

Precisamos da ajuda de vocês. O que acreditam que precisamos fazer para promover a evolução necessária?

Aquela atitude de Lucas e a dos executivos que flexibilizaram para permitir esse encontro disruptivo já era o primeiro passo na direção da transformação digital e humana necessária.

As respostas vindas dos profissionais foram:

— Precisamos ouvir nossos clientes e colaborar mais com eles.

— Vamos nos modernizar trazendo novas soluções tecnológicas. Temos profissionais capacitados para lidar com o novo e desejando ter esse espaço. Sou da área de tecnologia e, se tivermos autonomia para isso, vamos arrebentar.

— Acredito que precisamos ser mais transparentes, atuando com uma gestão à vista. As coisas aqui são muito escondidas, com as informações nas mãos de poucos.

— Desejo muito sentir mais colaboração entre nós, pois a competitividade destrutiva está acabando conosco. Muitas pessoas estão adoecendo.

— Aqui só se fala no medo da inteligência artificial roubar o nosso lugar, pois não temos inteligência emocional.

— É isso! Vamos cuidar mais das pessoas para termos mais qualidade no dia a dia, já que a maior parte de nossa vida temos passado aqui, conectados com o trabalho.

Juliana, uma funcionária nova, levantou a mão e disse com muito entusiasmo:

— Eu conheço uma empresa de consultoria que desenvolve um trabalho que acredito que pode nos ajudar.

Lucas e toda a equipe de executivos ficaram surpresos com o entusiasmo das pessoas pois, além de *opinarem, estavam já se disponibilizando a ajudar. Saíram daquele encontro com uma certeza: havia solução e tinham um time por onde começar. Iniciariam por aquelas pessoas que já se disponibilizaram a estar ali.*

Após encerrar a reunião, Lucas procurou Juliana para chegar até a empresa de consultoria citada por ela. Depois de alinhamentos e negociações, iniciaram a jornada por uma palestra de sensibilização para toda a empresa, com o propósito de apresentar os profissionais para as mudanças e mostrar que o papel de cada um ali seria essencial.

Em uma segunda etapa, os cinquenta profissionais que participaram daquele primeiro encontro, em suas diversas áreas, cargos e níveis hierárquicos, foram divididos em duas turmas para um aprofundamento sobre métodos ágeis e desenvolvimento de soft skills como colaboração, protagonismo, empatia, inteligência emocional, comunicação, entre outras. Foram realizados encontros práticos com base teórica consistente e construção de planos de ação.

Após um mês, os resultados começaram a aparecer de maneira ainda acanhada, mas visível. Iniciou-se um movimento de colaboração entre as áreas, com quebra de silos. O uso do método kanban fortaleceu essa dinâmica e, ao final da segunda etapa, iniciou-se o processo de mentorias com essas mesmas cinquenta pessoas em grupos de aprendizado menores. Os resultados foram potencializados. Esses profissionais assumiram o papel de agentes multiplicadores, construindo ações com suas equipes, e o trabalho foi escalando.

> ESTÁ EM NOSSAS MÃOS A ESCOLHA ENTRE DEIXAR TUDO O QUE É REPETITIVO PARA A MÁQUINA, NOS REDESCOBRINDO COMO HUMANOS, E NOS TRANSFORMARMOS EM ROBÔS PRODUZINDO EM ESCALA.

Depois de poucos meses, já era possível mensurar o impacto nos resultados financeiros, assim como na atração de novos profissionais em decorrência das boas notícias que corriam no mercado sobre aquela empresa.

Paralelo a isso, desenvolveram um trabalho para a identificação em equipe do propósito da empresa, pois um dos participantes conheceu o PTM – Propósito Transformador Massivo, no livro Organizações Exponenciais,[14] *e viu que as empresas que crescem exponencialmente são aquelas movidas de acordo com um propósito. Essa atitude chegou como uma chama que aquece o coração dos profissionais, potencializando o brilho nos olhos. Criaram um vídeo que representou o manifesto da organização, o que ajudou a inspirar mais e mais pessoas.*

A cada mês que passava, os resultados aumentavam e os profissionais, cada vez mais engajados, atraiam novos talentos. Passados seis meses, depois de diversas celebrações nas equipes e entre as equipes, foi marcado um evento para toda a empresa, "A Grande Celebração", no qual divulgaram que a empresa subiu dez posições no ranking daquele nicho. E a partir dali o lema passou a ser: "Rumo ao 1º lugar". Foi o que atingiram um ano depois. Uma virada com maestria, para a felicidade dos profissionais.

Lucas estava sorrindo e com a alma leve por ter assumido e realizado esse desafio de unir a equipe em prol dessa revolução, porque sabia que sozinho não

---

[14] ISMAIL, S.; MALONE, M. S.; VAN GEEST, Y. **Organizações exponenciais:** por que elas são 10 vezes melhores, mais rápidas e mais baratas que a sua (e o que fazer a respeito). São Paulo: Alta Books, 2019.

conseguiria. Foi a sua humildade de pedir ajuda que deu asas para todas essas conquistas na jornada, quando a colaboração foi fortalecida.

Só existe agilidade e transformação em um ambiente que seja colaborativo, e isso depende das atitudes de cada um. Colaboração vai além da ajuda, representa também o "pedir ajuda". Quando temos essa atitude, forma-se uma rede de apoio e as soluções aparecem a partir da união, do foco nas pessoas e da interação entre elas.

O MODELO ÁGIL COMPORTAMENTAL – MAC

O primeiro valor do Manifesto Ágil, documento criado em 2001 que originou todo o movimento da agilidade, fala do ponto abordado anteriormente: os processos e as ferramentas são importantes, mas mais importante do que isso, o ponto para o qual deve estar direcionado o holofote, são os indivíduos e as interações.

Foi com essa base que criamos o Modelo Ágil Comportamental (MAC) na A&B Andrade e Barros Consultoria, empresa em que tenho como sócio o meu parceiro na vida e nos negócios, Carlos Baptista. Falo desse modelo de maneira detalhada no meu best-seller *O poder da simplicidade no mundo ágil*.[15]

O Modelo Ágil Comportamental foi concebido com o propósito de potencializar os resultados nas organizações com entregas mais ágeis a partir da mudança de mindset dos profissionais e

---

[15] ANDRADE, S. **O poder da simplicidade no mundo ágil:** como desenvolver soft skills e aplicá-las com scrum e design thinking para ter mais resultado com menos trabalho, em menor tempo. São Paulo: Gente, 2018.

do desenvolvimento de soft skills na equipe. Isso leva à transformação da cultura, uma vez que uma empresa é um CNPJ formado de CPFs, ou seja, das pessoas que dela fazem parte. Só é possível mudar a cultura de uma empresa a partir da transformação da mentalidade das pessoas que lá trabalham, o que proporciona grandes resultados.

Temos aplicado o MAC em diversas empresas dos mais variados nichos: finanças, indústria, saúde, educação, tecnologia, mobilidade urbana, entre outras. Os resultados são sensacionais, especialmente graças a dois grandes pilares:

1. Antes de partir para mudar a cultura ou simplesmente buscar um modelo pronto, fazemos um mapeamento para entender a cultura da empresa, o que ela já tem de agilidade. Respeitar e reconhecer o que já existe é o primeiro passo para transformar.
2. Cada profissional, seja ele C-level, analista, da equipe de limpeza ou da copa, precisa entender o que é esse processo de transformação e como ele se beneficiará com isso. Somente assim ele abraça a causa e contribui no processo, é uma transformação humana.

O tema deste livro que você tem em mãos foi definido a partir da aplicação do MAC em grandes empresas e das demandas surgidas em palestras que ministrei. Foi a partir daí que começamos a observar algo em comum a todos os clientes: a necessidade de trabalhar o protagonismo em suas equipes como caminho para potencializar a transformação digital, especialmente com a formação de líderes e especialistas da agilidade, sejam eles gestores ou não.

O MAC ajuda no crescimento profissional e pessoal, levando à conquista de uma vida mais leve e mais feliz. É um método que mostra como acompanhar o mundo ágil, desenvolvendo as novas habilidades demandadas pela era digital sem cair na correria e na ansiedade. É um trabalho que amplia as possibilidades de colocar alma nas planilhas e na maneira de realizar o trabalho sem perder a diretriz proposta: ==ter mais vida no ambiente corporativo, caminho essencial para potencializar os resultados==.

Essa vida e felicidade levam ao sucesso. Uma pesquisa com diversos profissionais das mais variadas áreas foi realizada com base na neurociência e tinha como objetivo entender a lógica para o sucesso. O detalhamento desse estudo está no livro *O jeito Harvard de ser feliz*, citado anteriormente, mas o resultado aponto aqui: a pesquisa provou que, diferente do que se imaginava, não é o sucesso que leva à felicidade, mas o contrário. Os colaboradores, executivos e empresários felizes são aqueles que alcançam o sucesso.

É essa lógica que está por trás da agilidade e da transformação digital, pois profissionais felizes constroem um ambiente mais saudável, o que resulta em sucesso para as corporações. E o êxito de uma empresa é a combinação do sucesso individual, trabalhado de maneira colaborativa. Assim, as corporações se tornam competitivas, conquistando mais e mais sucesso.

> **Só existe agilidade e transformação em um ambiente que seja colaborativo, e isso depende das atitudes de cada um.**

Foi exatamente o que aconteceu no *case* anterior, quando os executivos dividiram com seus funcionários o problema que estavam enfrentando. Eles fortaleceram a colaboração na empresa ao pedirem ajuda, ao demonstrarem vulnerabilidade. Foi dessa maneira que encontraram a solução, pois conseguiram eliminar a sobrecarga que sentiam, tornando a empresa mais competitiva. Com mais leveza, os resultados foram potencializados.

E como podemos traduzir todos esses aprendizados para o indivíduo, para que ele entenda o seu papel nesse contexto, para que ele se desenvolva e entregue resultados?

O primeiro ponto diz respeito a compreensão de que, em meio a todas essas mudanças, a tendência é de que as empresas da nova economia deixem de ter um plano de carreira para oferecer ao profissional, o que já é realidade em muitas delas. Cabe ao colaborador se conhecer para se posicionar e negociar a própria trilha de evolução ao identificar o seu lugar, o que só é possível a partir do conhecimento de seu propósito. Somente com isso claro o profissional vai contribuir para o crescimento do negócio.

Com esse mindset, você vai sair da posição na qual estava Tiago, do padrão de pensamento *"o que será de mim em meio a toda essa transformação?"* para *"o que vou fazer e realizar nesse contexto da transformação digital?"*. Assim você estará contribuindo para a sua transformação e a da empresa da qual você faz parte, desenvolvendo um mindset como o do Alan (falei deles no capítulo 2, lembra?).

No capítulo a seguir, o 2º passo desse caminho, você vai entender como se desenvolver e se posicionar como líder protagonista nesse mundo ágil, seja você gestor ou não.

capítulo 5

POSICIONAMENTO DE LÍDER PROTAGONISTA ÁGIL

Ser líder protagonista está em suas mãos, seja você gestor ou especialista. Falei disso anteriormente, mas vale a pena reforçar: na agilidade, a liderança vai muito além de um cargo, corresponde a atitude de desenvolver essa habilidade enquanto soft skills, caminho para você se destacar como profissional desse novo século. Ela contribui também na construção de um time que consegue fazer autogestão graças ao poder de um modelo de gestão cada vez mais horizontalizado. Conseguimos isso a partir da quebra de formalidades típicas do velho mundo do trabalho, como o uso de crachás e a hierarquia engessada, as quais algumas empresas e profissionais ainda insistem em cultivar.

A qual mundo você quer pertencer, ao velho ou ao novo? Vem comigo!

Na jornada deste capítulo, vou lhe apresentar conteúdos e ferramentas que possibilitarão você a se atualizar e, assim, encontrar a sua realização profissional com leveza e felicidade. Esse é o novo mundo: da agilidade, da nova economia e da transformação digital. Estará em suas mãos fazer ou não essa escolha.

A METODOLOGIA CEP

Aqui vamos usar algumas figuras de linguagem para ajudar no fortalecimento de seu mindset de crescimento, entendendo que sempre é possível se desenvolver. A primeira delas é a analogia que vou fazer com o CEP, aquele número que compõe um código postal que o direciona para a sua casa, para o seu lar, provavelmente o lugar de maior conforto em sua vida. Se não é, mude de casa!

A partir dessa ideia, criei a metodologia CEP, que corresponde às **Competências** que você precisa desenvolver para o seu crescimento, às **Entregas** que você faz para a empresa, seja ela sua ou aquela da qual você faz parte, e por fim ao **Propósito**, o brilho no olho que você tem pelo que faz.

O que tenho observado nos profissionais que me procuram para um processo de coaching é que o foco muitas vezes está no CE, quando desenvolvem Competências de maneira desenfreada para uma Entrega cujo sentido eles nem entendem, o que acaba se tornando um grande desgaste no dia a dia. Ao se esquecer do Propósito, o profissional fica sem energia, sem entusiasmo para continuar produzindo. Em boa parte das vezes, isso acarreta doenças da alma, como costumo chamar, entre elas o estresse, a ansiedade ou a depressão.[16]

Para a definição do P de propósito, é importante você pensar em uma nota de 0 a 10 para definir como está esse P para você, o quanto o que você faz hoje na carreira representa nessa escala. Essa é uma forma simples de se conhecer, de começar a trazer para a consciência como está o seu brilho no olho pelo que você faz.

Eu vou lhe dar uma boa notícia! Você tem duas alternativas para aumentar esse P: fazer o que é a sua paixão – o nome disso é **liberdade** – ou se apaixonar pelo que você faz – que se chama **felicidade**. Qualquer um dos dois caminhos vai levá-lo a um bom resultado, só depende de você. Se você descobriu que esse P já é bem alimentado, celebre, pois no atual mundo do trabalho, ter esse P aceso é um importante passo para se conquistar qualidade de vida na era digital.

---

[16] Aqui quero abrir um parêntese sobre o "coaching", termo que foi banalizado em função da falta de profissionalismo por parte de muitas pessoas, mas que continua sendo um importante e poderoso caminho para potencializar resultados profissionais com base em autoconhecimento, definição de metas e planejamento de ações para se chegar lá. Busque conhecer mais essa jornada e os profissionais que atuam com consistência e seriedade, e vai entender que ela é uma ferramenta poderosa justamente por sua simplicidade. Foi e é transformadora para mim e para as pessoas que já acompanhei.

Neste capítulo, vou apresentar ferramentas que o ajudarão a entender o seu P e, ao segui-lo, posicionando-se de maneira assertiva, você estará atuando como um líder protagonista.

Quando o assunto é se apaixonar pelo que faz, Maurício Benvenutti aborda algo bem interessante em seu best-seller *Desobedeça*.[17] O autor sugere que você comece pelo que lhe dê "satisfação", pois daí é que virá a sua paixão. Ele foi para a área financeira, se desenvolveu por estar satisfeito e, lá, descobriu a sua paixão pela educação financeira.

> *Manuela tinha se formado em engenharia de produção e, durante a faculdade, ouviu falar que a área financeira era um caminho promissor que contava com o pagamento de excelentes salários, e foi essa a direção que ela tomou ao se formar. Começou a trabalhar em um grande banco e estava muito entusiasmada no início, pois seu salário lhe permitiu se mudar para morar sozinha em um apartamento alugado e dar entrada em um carro. Ter autonomia e independência financeira era fundamental e o que almejava desde quando estagiava.*
>
> *O tempo foi passando, e aquela alegria foi diminuindo, especialmente por se sentir controlada por seu chefe, que atuava de maneira dominadora, microgerenciando, o que estava lhe tirando o fôlego. Além da tristeza, ela começou a se sentir perdida, sem saber o que estava fazendo, uma vez que o banco era o lugar de seus sonhos para trabalhar e oferecia um alto salário, motivo pelo qual um colega a havia indicado tão prontamente. Diante de sua infelicidade e por não entender as razões que levaram a*

---

[17] BENVENUTTI, M. **Desobedeça:** a sua carreira pede mais. São Paulo: Gente, 2021.

isso, ela decidiu bater um papo com esse mesmo amigo. Quando disse que pediria demissão, pois acreditava que era o trabalho que estava lhe fazendo mal, que acordava sem vontade de se levantar, ele indicou um profissional que o havia acompanhado em um processo de coaching e que o ajudou em sua trajetória profissional. Ela decidiu procurá-lo.

Para sua surpresa, logo na primeira sessão ela conheceu uma ferramenta de autoconhecimento chamada Âncoras de Carreira, criada pelo psicólogo social Edgar Schein.[18] *Foi como se um portal tivesse se aberto quando ela conheceu os seus motivadores. Ficou impressionada em saber que ter autonomia e independência não era importante somente para ter o seu apartamento e seu carro, mas também na escolha de seu trabalho. Começou a entender que ser controlada em cada passo que dava no banco, desde ter de bater ponto até o microgerenciamento por parte de seu gestor, estavam tirando a sua alma. Entendeu também que precisava atuar como especialista, sendo referência em algo específico. Era necessário sentir que estava fazendo algo para construir um mundo melhor, o que identificou em uma das âncoras, a chamada "serviço e dedicação a uma causa".*

O primeiro salto que deu no coaching foi mudar o mindset de pensamentos como "o meu gestor e o banco estão tirando a minha alma" para "eu estou permitindo que meu gestor e o banco tirem a minha alma". Decidiu

---

[18] SCHEIN, E. **Identidade profissional:** como ajustar suas inclinações as suas opções de trabalho. São Paulo: Nobel, 1996.

não permitir mais isso, e sua primeira atitude foi buscar outra vaga na mesma empresa, porém em outra área, algo em que ela sentisse que estava contribuindo para a realização de outras pessoas, tendo também mais liberdade. Manuela, então, foi conversar com seu líder:

— Leonardo, tudo bem? Preciso falar com você. Pode ser agora?

— Oi, Manu, estou corrido hoje. Tenho de planejar as atividades da nova squad. Pode ser amanhã?

— Pode sim, Leo! Quero falar com calma.

— Combinado. Amanhã podemos almoçar juntos. Ok para você?

— Perfeito.

No dia seguinte, eles tiveram um longo papo em que Manu falou de seu processo de coaching e seu perfil, combinando com Leo que ela precisava de mais fôlego, mais liberdade para atuar, sem ele ficar em seu pé. Que entendia que era a forma dele de cuidar, mas que ela produzia melhor e com entusiasmo se tivesse mais autonomia. Ele agradeceu por sua maturidade e alinharam como tocariam o dia a dia.

Outro ponto levantado foi a possibilidade de ela assumir um papel no qual sentisse que estaria impactando mais o mundo. Leo disse que não queria perdê-la para outra área, mas prometeu ficar atento a novas vagas. Após um momento de reflexão, descobriu um produto que poderiam lançar e pediu opinião a Manu.

— Manu, o que representa para você fazer do mundo um lugar melhor?

— Eu quero sentir que meu trabalho está ajudando pessoas, Leo. Aqui eu só fico analisando planilhas e *desenhando modelos que me cansam, e não vejo resultados reais.*

— Se você tivesse de lançar um produto hoje para nossos clientes, qual seria?

— Eu começaria ouvindo-os para identificar suas necessidades.

— Adorei a ideia. Por onde podemos começar?

Manu ficou muito entusiasmada, mesmo trabalhando no mesmo lugar e com o mesmo líder. Só o fato de entender que começaria a fazer algo na direção de seu propósito já lhe deu outro ânimo. E começou a pesquisar e a fazer cursos curtos sobre customer success, foi quando se encontrou. Ela propôs abrir uma nova frente de trabalho naquela equipe, com impactos positivos em sua motivação e nos resultados da organização. Todos ganharam: profissional, clientes e empresa.

Você quer conhecer o que o motiva a partir da ferramenta Âncoras de Carreira? Pode escolher como prefere responder a todas as perguntas dessa ferramenta – se on-line ou aqui, no livro mesmo. Se escolher a primeira opção, basta digitar o link no seu navegador ou apontar a câmera do seu celular para o QR Code a seguir. Se preferir usar o livro, as perguntas estão logo a seguir. Após o teste, na página 84, eu apresento a descrição do que representa cada uma das âncoras. <u>Você vai dar foco às três que tiverem maior pontuação</u>, que representam os seus pilares, <u>o que lhe dá brilho nos olhos para se levantar todos os dias e ir trabalhar</u>.

Vamos à ferramenta! Siga o passo a passo para preencher e somar o total de maneira correta.

Caso você prefira responder no formato digital, acesse este site:
www.liderancaagil.com.br

Outra opção é você procurar a ferramenta em sites de busca. Como é de domínio público, você encontra em diversos endereços.

FERRAMENTA ÂNCORAS DE CARREIRA, DE EDGAR SCHEIN[19]

Marque na coluna **Pontos** os valores que mais refletem seu sentimento sobre cada item.

Use a escala para definir o quanto as afirmações são verdadeiras para você

Nunca é verdadeiro para mim	Ocasionalmente é verdadeiro para mim	Frequentemente é verdadeiro para mim	Sempre é verdadeiro para mim
1	2 3	4 5	6

---

[19] Em função das mudanças no perfil de empresas da atualidade, fiz uma pequena alteração na questão 10 da ferramenta "Âncoras de Carreira". Originalmente, a questão era: "Eu sonho em ser responsável por uma organização complexa e tomar decisões que afetem muitas pessoas". E passou a ser: "Eu sonho em ser responsável por uma equipe ou organização, e tomar decisões que afetem muitas pessoas" para refletir melhor a nossa realidade.

PONTOS	AFIRMAÇÕES SOBRE CARREIRA
1	EU SONHO EM SER TÃO BOM NO QUE FAÇO QUE SEREI CONSTANTEMENTE CONSULTADO COMO UM ESPECIALISTA.
2	SINTO-ME MAIS REALIZADO QUANDO SOU CAPAZ DE INTEGRAR E GERENCIAR OS ESFORÇOS DOS OUTROS.
3	EU SONHO EM TER UMA CARREIRA QUE ME DÊ LIBERDADE PARA REALIZAR O TRABALHO À MINHA MANEIRA E FAZER MEUS PRÓPRIOS HORÁRIOS.
4	SEGURANÇA E ESTABILIDADE SÃO MAIS IMPORTANTES PARA MIM DO QUE LIBERDADE E AUTONOMIA.
5	EU ESTOU SEMPRE BUSCANDO IDEIAS QUE ME POSSIBILITARÃO COMEÇAR UM NEGÓCIO PRÓPRIO.
6	EU ME SENTIREI REALMENTE BEM-SUCEDIDO SE TIVER FEITO UMA CONTRIBUIÇÃO AO BEM-ESTAR DA SOCIEDADE COMO UM TODO.
7	EU SONHO COM UMA CARREIRA EM QUE EU POSSA RESOLVER PROBLEMAS OU IR ALÉM EM SITUAÇÕES QUE SÃO EXTREMAMENTE DESAFIADORAS.
8	EU PREFERIRIA DEIXAR MEU EMPREGO AGORA SE TIVESSE DE ASSUMIR UMA POSIÇÃO NA QUAL TIVESSE DE SACRIFICAR MAIS MINHA VIDA PESSOAL E FAMILIAR.
9	EU ME SENTIREI BEM-SUCEDIDO EM MINHA CARREIRA SE PUDER DESENVOLVER MINHAS HABILIDADES TÉCNICAS EM UM ALTO NÍVEL DE COMPETÊNCIA.
10	EU SONHO EM SER RESPONSÁVEL POR UMA EQUIPE OU ORGANIZAÇÃO E TOMAR DECISÕES QUE AFETEM MUITAS PESSOAS.
11	SINTO-ME REALIZADO NO TRABALHO QUANDO TENHO A LIBERDADE DE DEFINIR MINHAS PRÓPRIAS TAREFAS, CRONOGRAMAS E PROCEDIMENTOS.
12	EU PREFERIRIA DEIXAR MEU EMPREGO SE TIVESSE DE ASSUMIR UM DESAFIO QUE COLOCARIA EM RISCO MINHA SEGURANÇA NA ORGANIZAÇÃO.
13	CONSTRUIR MEU PRÓPRIO NEGÓCIO É MAIS IMPORTANTE PARA MIM DO QUE ATINGIR UMA ALTA POSIÇÃO NUMA ORGANIZAÇÃO COMO EMPREGADO.
14	SINTO-ME REALIZADO EM MINHA CARREIRA QUANDO SOU HÁBIL AO UTILIZAR MEUS TALENTOS A SERVIÇO DOS OUTROS.
15	EU ME SENTIREI BEM-SUCEDIDO EM MINHA CARREIRA SE TIVER DE ENCARAR E ULTRAPASSAR DESAFIOS.
16	EU SONHO COM UMA CARREIRA QUE ME PERMITA INTEGRAR MINHAS NECESSIDADES PESSOAIS, FAMILIARES E PROFISSIONAIS.
17	TORNAR-ME UM ESPECIALISTA EM MINHA ÁREA É MAIS ATRATIVO DO QUE SER UM GESTOR.

PONTOS	AFIRMAÇÕES SOBRE CARREIRA
18	EU ME SENTIREI BEM-SUCEDIDO SE OCUPAR UM CARGO DE GESTÃO/LIDERANÇA EM ALGUMA ORGANIZAÇÃO.
19	EU ME SENTIREI BEM-SUCEDIDO NA CARREIRA SE CONSEGUIR COMPLETA AUTONOMIA E LIBERDADE.
20	EU PROCURO POR UM TRABALHO DENTRO DA ORGANIZAÇÃO QUE ME OFEREÇA SEGURANÇA E ESTABILIDADE.
21	SINTO-ME REALIZADO EM MEU TRABALHO QUANDO CONSIGO CONSTRUIR ALGO QUE É UNICAMENTE O RESULTADO DE MINHAS PRÓPRIAS IDEIAS E ESFORÇO.
22	UTILIZAR MINHAS HABILIDADES PARA FAZER DO MUNDO UM LUGAR MELHOR PARA SE VIVER E TRABALHAR É MAIS IMPORTANTE DO QUE ATINGIR UM ALTO CARGO.
23	SINTO-ME REALIZADO EM MINHA CARREIRA QUANDO CONSIGO RESOLVER PROBLEMAS QUE ERAM INSOLÚVEIS OU SOLUCIONAR SITUAÇÕES CONSIDERADAS IMPOSSÍVEIS.
24	SINTO-ME BEM-SUCEDIDO NA VIDA APENAS QUANDO CONSIGO EQUILIBRAR MINHAS NECESSIDADES PESSOAIS, FAMILIARES E DE CARREIRA.
25	EU PREFERIRIA DEIXAR MEU EMPREGO A ACEITAR UM CARGO ROTATIVO QUE ME DEIXARIA FORA DA MINHA ÁREA DE ESPECIALIDADE.
26	TORNAR-ME UM GESTOR É MAIS ATRAENTE DO QUE SER UM ESPECIALISTA NA ÁREA EM QUE ATUO.
27	A OPORTUNIDADE DE REALIZAR UM TRABALHO DO MEU JEITO, LIVRE DE REGRAS E RESTRIÇÕES, É MAIS IMPORTANTE DO QUE TER SEGURANÇA.
28	SINTO-ME REALIZADO NO TRABALHO QUANDO TENHO COMPLETA ESTABILIDADE FINANCEIRA E NA CARREIRA.
29	EU ME SENTIREI REALIZADO EM MINHA CARREIRA SE TIVER CRIADO OU CONSTRUÍDO ALGO QUE É INTEIRAMENTE DE MINHA AUTORIA.
30	EU SONHO EM TER UMA CARREIRA QUE FAÇA UMA REAL CONTRIBUIÇÃO PARA A HUMANIDADE E PARA A SOCIEDADE.
31	EU BUSCO OPORTUNIDADES DE TRABALHO QUE DESAFIEM FORTEMENTE MINHA CAPACIDADE DE RESOLVER PROBLEMAS.
32	EQUILIBRAR AS DEMANDAS DE MINHA VIDA PESSOAL E PROFISSIONAL É MAIS IMPORTANTE DO QUE ATINGIR UM ALTO CARGO.
33	SINTO-ME REALIZADO NO TRABALHO QUANDO SOU HÁBIL AO UTILIZAR MINHAS COMPETÊNCIAS E TALENTOS ESPECIAIS.

PONTOS	AFIRMAÇÕES SOBRE CARREIRA
34	EU PREFERIRIA DEIXAR MEU EMPREGO A ACEITAR OUTRA POSIÇÃO QUE ME COLOCARIA DISTANTE DA TRAJETÓRIA DE UM CARGO DE GESTÃO/LIDERANÇA DO NEGÓCIO.
35	EU PREFERIRIA DEIXAR MEU EMPREGO A ACEITAR UM TRABALHO QUE REDUZISSE MINHA AUTONOMIA E LIBERDADE.
36	EU SONHO COM UMA CARREIRA QUE ME PROPORCIONE UMA SENSAÇÃO DE SEGURANÇA E DE ESTABILIDADE.
37	EU SONHO EM INICIAR E MONTAR MEU PRÓPRIO NEGÓCIO.
38	EU PREFERIRIA DEIXAR MEU EMPREGO A ACEITAR UM DESAFIO QUE RETIRARIA A POSSIBILIDADE DE SERVIR AOS OUTROS.
39	TRABALHAR COM PROBLEMAS QUE SÃO CONSIDERADOS IMPOSSÍVEIS É MAIS IMPORTANTE DO QUE ATINGIR UM ALTO CARGO.
40	EU SEMPRE PROCURO OPORTUNIDADES QUE MINIMIZEM A INTERFERÊNCIA NA MINHA VIDA PESSOAL E FAMILIAR.

1. Depois da marcação da pontuação inicial, escolha 3 (três) afirmações que pareçam as mais verdadeiras para você e adicione a cada uma delas 4 (quatro) pontos.
2. Passe as pontuações para a tabela abaixo.
3. Some o total de cada coluna.

TF	GG	AI	SE	CE	SD	PD	EV
1	2	3	4	5	6	7	8
9	10	11	12	13	14	15	16
17	18	19	20	21	22	23	24
25	26	27	28	29	30	31	32
33	34	35	36	37	38	39	40
T	T	T	T	T	T	T	T

Depois que você responder o formato digital, será gerada uma combinação de letras e números. Salve esse resultado e veja a seguir o significado de cada uma dessas âncoras. E lembre-se: coloque o **foco nas três de maior pontuação** para você, como já foi dito. Essas três são suas âncoras de carreira, a base para seu posicionamento e escolhas.

ÂNCORAS DE CARREIRA – INTERPRETAÇÃO

TF – TÉCNICO/FUNCIONAL

Uma de suas âncoras de carreira é a competência em uma área técnica ou funcional. Você é motivado pela oportunidade de aplicar suas habilidades nessa área e por continuar as realizando em estágios cada vez mais avançados. Você desenvolve seu senso de identidade através dessas habilidades e deseja ser referência em algo específico. Se o trabalho não testa suas competências rapidamente, o dia a dia se torna monótono, porque sua autoestima depende do exercício do talento. Você anseia pela definição de metas, porém, uma vez definidas, quer autonomia para realizar seu trabalho. Você pode realizar tarefas de gestão, mas apenas por achar que são necessárias, pois não são fonte de prazer. Para você e para a organização, o desafio é encontrar algo que permita que você se desenvolva sem exigir que se torne um gestor.

GG – GESTÃO GERAL

Uma de suas âncoras de carreira é a competência em gestão geral. Você é motivado pela oportunidade de liderar uma equipe e/ou chegar a níveis na organização que permitam integrar os seus esforços com o dos outros e ser responsável pelo resultado de uma unidade da organização. Você quer ser responsável pelos resultados e identifica seu trabalho com o sucesso da organização para a qual trabalha. Se você atua numa área técnica ou funcional, pode encarar isso como uma experiência necessária de aprendizagem que permitirá que você chegue a uma posição de liderança ou generalista o mais rápido possível. Funções altamente técnicas não o atraem, pois encara a especialização como uma armadilha. Deseja conhecer diversas áreas e desenvolver competências analíticas e interpessoais. Deseja alto nível de responsabilidade, e um trabalho desafiador e variado; oportunidade de liderar e contribuir para o sucesso da organização e analisar seu desempenho pelos resultados.

AI - AUTONOMIA E INDEPENDÊNCIA

Uma de suas âncoras de carreira é autonomia e independência. Você é motivado ao definir sua própria maneira de trabalhar, com flexibilidade em relação a onde e como desempenhar suas funções, mesmo que faça parte de uma organização. Se você convive com regras e restrições organizacionais de qualquer nível, procurar trabalhos que trarão liberdade será o caminho para maior bem-estar. Você pode recusar ofertas de mudança de carreira para manter sua autonomia. Pode, inclusive, querer ter um negócio próprio para manter-se livre, contudo, por motivos diferentes dos que serão descritos mais adiante na âncora de empreendedorismo. Essa necessidade pode ser fruto de um alto nível de educação e profissionalismo, que tem como resultado um perfil autoconfiante e responsável. Prefere trabalhos claramente definidos, com prazos estabelecidos e dentro de sua área de competência, mas com total liberdade quanto à forma de realizá-los.

SE - SEGURANÇA E ESTABILIDADE

Uma de suas âncoras de carreira é segurança e estabilidade. Você é motivado pela segurança e pelo domínio de um cargo ou organização. Sua maior preocupação é atingir um nível de sucesso para poder relaxar. A âncora demonstra preocupação financeira ou profissional. Essa estabilidade pode envolver negociar sua dedicação e lealdade para realizar tarefas que a organização defina como necessárias em troca da segurança. Prefere o trabalho mais definido e previsível, e as ferramentas de motivação não são tão importantes quanto um salário mais alto, boas condições de trabalho e benefícios. Você pode atingir níveis altos se der maior foco ao seu talento, acreditando em seu potencial.

CE - CRIATIVIDADE EMPREENDEDORA

Uma de suas âncoras de carreira é a criatividade empreendedora. Você é motivado pela oportunidade de criar um produto, serviço ou empresa própria baseada em suas habilidades, vontade de correr riscos e superar obstáculos. Você deseja provar ao mundo que é capaz de criar uma empresa que será o resultado de seu próprio esforço e que pode se tornar um empresário. Normalmente, pessoas com essa âncora buscam, desde cedo, formas de obter sucesso. Você quer que seu negócio tenha sucesso financeiro como resultado de suas habilidades e pode também se realizar ao atuar na área de inovação de uma organização, criando produtos ou serviços.

SD - SERVIÇO E DEDICAÇÃO A UMA CAUSA

Uma de suas âncoras de carreira é serviço e dedicação a uma causa. Você é motivado pela oportunidade de trabalhar com algo que seja a expressão de um valor, como fazer do mundo um lugar melhor, resolver problemas ambientais, colaborar, transformar a vida das pessoas, fazer algo que traga impactos positivos para a sociedade. Você procura essas oportunidades, mesmo que isso signifique realizar mudanças organizacionais. Você pode não aceitar promoções ou mudanças que não satisfaçam seus valores, mesmo que isso signifique abrir mão da ascensão organizacional.

PD - PURO DESAFIO

Uma de suas âncoras de carreira é puro desafio. Você é motivado pela oportunidade de trabalhar com soluções para problemas considerados insolúveis, vencer oponentes poderosos ou ultrapassar obstáculos difíceis. Para você, a razão de sua carreira é a oportunidade de fazer um trabalho que permita resultados naquilo que é aparentemente impossível. Novidade, competitividade, variedade e dificuldade tornam-se os fins e, se algo parece fácil, torna-se logo chato. Dá importância a variedade em sua carreira e costuma ser leal às organizações que lhe dão oportunidades de autodesafio.

EV - ESTILO DE VIDA

Uma de suas âncoras de carreira é o estilo de vida. Você é motivado pela oportunidade de equilibrar e integrar suas necessidades pessoais, familiares e profissionais. Você quer que todos os aspectos importantes de sua vida progridam em harmonia e, portanto, necessita de um trabalho que ofereça a flexibilidade necessária para isso, o que lhe dá energia para crescer na carreira. Você define sucesso em termos mais amplos do que o sucesso na carreira. Você sente que sua identidade está baseada mais em como você vive a vida, em onde mora, em como é sua família e em como você se desenvolve, do que com a empresa ou a posição.

Proporcionar espaços de lazer e prazer é importante combustível para a sua evolução profissional.

Gostou de ver o seu resultado? Como eu disse anteriormente, para você estar motivado, é essencial fazer suas escolhas na carreira com base nas suas três principais âncoras. Caso a terceira pontuação seja igual à quarta, olhe-a com carinho também, pois faz parte de seus mobilizadores, pontos que o motivam a se levantar para trabalhar com entusiasmo.

E lembre-se: aquilo que você detesta fazer, muitas pessoas adoram, assim como o inverso é verdadeiro. Foque o que lhe dá prazer, o seu autoconhecimento para a sua realização, independentemente da escolha dos outros. Você deve ser o seu grande referencial, os seus motivadores.

Quando um profissional me procura com o intuito de mudar de carreira ou de empresa, eu peço que espere chegar, ao menos, ao meio do processo de coaching (costumo trabalhar com um processo de seis sessões) para somente depois pensar em tomar a decisão. É também um exercício de paciência e maturidade! Grande parte das vezes, a pessoa continua na mesma empresa e promove mudanças, com novo posicionamento, e a felicidade vem, pois se apaixona pelo que faz ou passa a fazer o que é sua paixão ali mesmo. Algumas vezes é necessário mudar de carreira ou de empresa, sim, mas antes de tudo é preciso o autoconhecimento e a identificação do seu propósito. Se isso não acontece, o profissional fica "pulando de galho em galho" sem descobrir que a mudança deve vir dele, de sua atitude, e não das empresas por onde passa.

Além das Âncoras de Carreira, eu costumo trabalhar com a ferramenta "O meu propósito – O melhor de mim", que criei e que está no meu livro já citado anteriormente, *O poder da simplicidade no mundo ágil.*[20] É um recurso para o profissional identificar o seu propósito de maneira bem específica e assertiva ao responder a quatro perguntas:

1. O quê (eu tenho como principais habilidades profissionais)?;
2. Como (essas habilidades aparecem em meus comportamentos)?;
3. Para quê (eu quero colocar isso em prática, e quais objetivos pessoais e de carreira quero atingir)?;
4. Por quê (tudo isso é importante para mim)?.

É simples e direto!

Vá em frente, siga posicionando-se em sua trilha, que é sua e de mais ninguém.

Agora que você identificou suas principais âncoras e tornou seu propósito consciente, vou fazer algumas observações, de maneira detalhada, em relação a duas delas, que se referem ao seu posicionamento como "especialista" (TF) ou como "gestor" (GG). Independentemente dessas duas âncoras estarem entre as suas três âncoras de maior pontuação, é essencial você entender também o que o motiva no que se refere especificamente a essas duas.

EU COMO "LÍDER PROTAGONISTA ESPECIALISTA" OU "LÍDER PROTAGONISTA GESTOR"

Entender qual desses dois caminhos você vai seguir é fundamental! Vou explicar como funciona.

---

20 ANDRADE, S. **O poder da simplicidade no mundo ágil:** como desenvolver soft skills e aplicá-las com scrum e design thinking para ter mais resultado com menos trabalho, em menor tempo. São Paulo: Gente, 2018.

O consultor de negócios Ram Charan, importante referência em liderança, esclarece, em seu livro *Pipeline de liderança*,[21] que todo profissional tem dois caminhos:

1. Ser o "contribuidor individual": quando ele é o profissional que faz a própria entrega, com a mão na massa, sendo referência em algo específico, o especialista;
2. Ser o "contribuidor através dos outros": quando gera resultados por meio de outros profissionais.

Charan afirma que o maior desafio é quando o profissional deseja fazer uma mudança e crescer na direção da gestão, deixando de ser contribuidor individual para passar a ser contribuidor através dos outros, o que ele chama de primeira passagem no pipeline de liderança. Quando o profissional faz essa primeira passagem com maestria, as demais – subir da coordenação para a gerência, superintendência, diretoria etc. – são mais fáceis de realizar. Aqui é somente um exemplo, sendo que cada empresa tem nomenclaturas diferentes para cargos específicos.

Agora que você sabe como funciona, volte aos seus resultados na ferramenta Âncora de Carreiras e observe a sua pontuação no TF (Técnico Funcional) e no GG (Gestão Geral). Compare essas duas pontuações para entender o que lhe dá mais brilho nos olhos nesse posicionamento específico.

Se o seu resultado corresponde à escolha que você já fez, parabéns! Provavelmente você está feliz nessa jornada. Caso o resultado não corresponda ao seu posicionamento atual, calma,

---

[21] CHARAN, R.; DROTTER, S.; NOEL, J. **Pipeline de liderança:** o desenvolvimento de líderes como diferencial competitivo. Rio de Janeiro: Sextante, 2018.

pois vou explicar algumas situações que vão ajudá-lo a entender que as coisas não são lineares nesse novo mundo e o orientarei a como lidar com essa questão para que você possa se realizar. Uma delas vai se aplicar a você: respire fundo e vá até o final deste capítulo para entender os diversos contextos.

Embora essa ferramenta, Âncoras de Carreira, não seja nova, ela é extremamente atual, válida nesse novo mundo do trabalho, com um detalhe simples e poderoso na mudança da maneira de interpretar. É uma mudança também de mindset do que significa ser especialista e gestor.

Para isso, vamos a uma metáfora, a do helicóptero e da gruta. Mesmo que você ainda não tenha respondido a ferramenta, isso o ajudará a pensar em qual é o posicionamento que mais lhe dá brilho nos olhos.

Imagine que você vai explorar um território. Você é aquela pessoa que deseja entrar em uma gruta para entender os detalhes que estão ali, ou aquela que voa de helicóptero para ter uma visão geral do lugar, com a gruta, os animais, as pessoas, os rios, as árvores?

O especialista é aquele que entra na gruta e o gestor é aquele que sobrevoa de helicóptero. No modelo ultrapassado de gestão, com hierarquia bem definida, a pessoa do helicóptero não descia até a gruta e a da gruta não saía de lá, mas isso mudou, o que vem impactando substancialmente a cultura das empresas e ajudando na transformação digital a partir da mudança de posicionamento de um desses dois papéis para líderes protagonistas.

No atual mundo do trabalho, cada vez mais ágil e digital, esse profissional que voa no helicóptero desce para o solo para estar mais próximo do time, exercendo uma liderança servidora, e é quando acaba por entender o que o seu time está fazendo, mesmo que não saiba como fazer propriamente, o que já não faz parte do seu papel, uma vez que passou a ser contribuidor por meio dos outros. O profissional da gruta, que antes não saía de lá, detendo somente o conhecimento ao nível de hard skills (conhecimentos técnicos), hoje coloca a cara para fora e desenvolve soft skills para aprender a atender o cliente, a se comunicar com outras áreas, a ser empático, a dar e pedir feedbacks, funções que antes só eram demandadas para quem assumia cargos de gestão.

Mesmo desenvolvendo novas habilidades, por parte dos dois, ter esse posicionamento é fundamental. E muitos profissionais confundem, acreditando que precisam fazer de tudo, e é quando se perdem e se sobrecarregam. Deixam de ter vida própria, virando máquina de produzir resultados. Isso acontece sobretudo entre aquelas pessoas que assumem o primeiro nível de liderança enquanto cargo – seja um supervisor, um líder técnico ou coordenador – e continuam a realizar as atividades que desempenhavam antes. Aqui, podemos também nos referir ao Scrum Master, ao Agile Coach, ao Agile Master e tantos outros títulos de cargos na agilidade. A questão não está no título, mas na atuação como um facilitador do processo, no papel de desenvolver outras pessoas para que essas entreguem resultados. Em vez de entender que precisam fazer diferente, acham que têm de fazer mais, e é aí que mora o maior perigo dessa passagem. Para que a transição aconteça com maestria, é necessário foco na delegação da parte técnica para atribuir 100% do seu tempo a atividades de gestão, especialmente com o foco no desenvolvimento do time.

Com frequência vejo profissionais que estão no nível de gerência ou superintendência e continuam pondo a mão na massa. Esses são os principais candidatos à sobrecarga de trabalho, sem entender o porquê. Delegar é o caminho!

Lembre-se de que delegar é diferente de "delargar". Para que você não "delargue", mas delegue, siga esses cinco passos que vão ajudá-lo a desenvolver seus liderados nesse processo:

FERRAMENTA DELEGAÇÃO ÁGIL

1. Escolha a atividade a ser delegada e quem vai assumir: verifique se essa pessoa já está pronta ou se precisa de treinamento para cumprir esse novo desafio;

2. Dialogue, alinhando expectativas: o que é óbvio para você pode não ser para quem está assumindo a atividade. Deixe claro o que você espera no que se refere a qualidade, prazos e outros detalhes fundamentais;

3. Identifique os recursos necessários: do que a pessoa vai precisar, com quem você tem de colocá-la em contato direto para resolver os problemas que possam surgir. Definam juntos a autonomia para decisões;

4. Acompanhe o progresso: verifique como a pessoa está se sentindo e desempenhando a atividade, e se precisa de algum suporte em algum ponto problemático identificado depois que a assumiu;

5. Reconheçam e celebrem os aprendizados: quais são os aprendizados para você e para o seu liderado? Momento de dar e receber feedbacks, celebrando os resultados.

SITUAÇÕES ESPECÍFICAS EM RELAÇÃO AO SEU POSICIONAMENTO ENQUANTO ESPECIALISTA E GESTOR

Ao aplicar a ferramenta Âncoras de Carreira, pode acontecer de as pontuações ficarem muito distantes entre a TF e a GG, o que deixa claro qual deve ser a escolha quanto ao seu posicionamento.

Muitas vezes, porém, as pontuações são próximas, ou você percebe que o resultado não está alinhado com o que você faz hoje. Isso leva a quatro possibilidades de resultado que vou descrever para ajudá-lo em sua trilha:

1. Especialista com brilho nos olhos pela gestão (TF está mais alta, mas o GG está querendo chegar perto): Está na hora de começar a delegar atividades operacionais e focar no desenvolvimento de outras pessoas para a entrega, mesmo que você ainda não assuma um cargo de gestão. Provavelmente sua jornada será assumindo cargo de liderança, então experimente para decidir.

2. Gestor que ainda não se posicionou 100% (GG mais alta que o TF, mas este tem pontuação próxima do GG): Desapegue totalmente do seu lado especialista e dê foco em desenvolver a sua liderança de maneira servidora, dando e pedindo feedbacks ao time, liderando por meio de perguntas poderosas (ainda falaremos sobre isso), reconhecendo e celebrando as conquistas com o seu time. Delegue 100% de atividades mão na massa para você crescer na direção da gestão com qualidade de vida. Atue como líder-coach e mentor que desenvolve a equipe para uma entrega de excelência.

3. Gestor com motivação também pela parte técnica (TF e GG com pontuações semelhantes): Se você assume cargo de gestão com brilho nos olhos, mas também se motiva pela parte técnica, cuidado para não ficar fazendo de tudo um pouco. Canalize a sua motivação pela parte técnica para fortalecer a sua conexão com o time, tomando cuidado para não microgerenciar, o que o levaria

a concorrer com sua equipe. Pratique a humildade para aprender o novo com seus liderados, realizando *meetups* sobre temas técnicos, nos quais você assume o papel de facilitador que tem como objetivo maior estar próximo, conhecer e aprender com a equipe. Uma alternativa é dar foco para as suas âncoras mais altas e buscar aliar isso à sua gestão, como por exemplo: se PD (Puro Desafio) for uma das três de maior pontuação, busque identificar seu maior desafio como líder e alavanque projetos e ações nessa perspectiva. Se CE (Criatividade Empreendedora) é uma de suas três principais âncoras, traga a inovação para o seu estilo de liderar; é isso que o motivará.

4. Gestor com motivação total pela parte técnica (TF muito alto e GG com pontuação muito baixa, e você ocupa cargo de gestão). Temos duas situações aqui:

    - Você ocupa cargo de gestão e, mesmo se motivando pela parte técnica, quer continuar nessa trilha de liderança: foco nas sugestões do item 3. É bem provável que você comece a curtir a liderança. Se repetir essa ferramenta depois de um ano, poderá obter um resultado diferente, com aumento do GG.

    - Você assume cargo de gestão e está infeliz: repense essa questão. Pode ser que o caminho para a sua realização esteja na trajetória de um especialista e que você deva buscar atuar em uma empresa que dê espaço para o seu crescimento dentro dessa perspectiva ou negocie mudança de posicionamento na empresa atual. Busque se conhecer mais para um posicionamento consciente, respondendo a Análise Estratégica SWOT, que apresento a seguir.

> A QUESTÃO NÃO ESTÁ NO TÍTULO, MAS NA ATUAÇÃO COMO UM FACILITADOR DO PROCESSO, NO PAPEL DE DESENVOLVER OUTRAS PESSOAS PARA QUE ESSAS ENTREGUEM RESULTADOS.

FERRAMENTA ANÁLISE ESTRATÉGICA SWOT

Nessa ferramenta, você deve responder sobre seu papel como especialista (coluna 1) e sobre seu papel como gestor (coluna 2), analisando cada um dos quatro aspectos a que eles se referem. São eles: *Strengths* (Forças), *Weaknesses* (Fraquezas), *Opportunities* (Oportunidades) e *Threats* (Ameaças).

ANÁLISE ESTRATÉGICA SWOT

STRENGTHS (FORÇAS INTERNAS)		WEAKNESSES (FRAQUEZAS INTERNAS)	
ESPECIALISTA	GESTOR	ESPECIALISTA	GESTOR
OPPORTUNITIES (OPORTUNIDADES EXTERNAS)		THREATS (AMEAÇAS EXTERNAS)	
ESPECIALISTA	GESTOR	ESPECIALISTA	GESTOR

Colocando esses elementos em uma balança, qual o seu posicionamento? Atribua uma nota de 0 a 10 para cada um deles e busque atuar na direção de sua escolha.

- Especialista: _____ pontos
- Gestor: _____ pontos

Observação: Essa ferramenta pode ser utilizada em outros contextos da sua vida para ajudá-lo a tomar decisões importantes. Caso queira fazer uma escolha entre duas ou mais opções, terá de incluir mais colunas em cada um dos quadrantes, de acordo com o número de alternativas.

> Rafael trabalhava na área de tecnologia como especialista havia cinco anos e era apaixonado pelo que fazia, sempre recebendo elogios. Chegava em casa feliz e cheio de energia para brincar com sua filha de 1 ano e cheio de amor para sua esposa.
> Diante desse crescimento, sua líder, Thais, decidiu por sua promoção a um cargo de liderança. Ele passaria a ter uma equipe de cinco pessoas. Naquele dia, chegou ainda mais feliz em casa, comemorando o reconhecimento.
> Os meses se passaram, e Rafael foi ficando desanimado, sem vontade de trabalhar. Achava que estava entrando em depressão, mas não entendia o porquê. "Como pode? Fui promovido, tenho uma família linda, adoro a empresa em que trabalho... e estou infeliz?!"
> Paulo atuava como par do Rafael e vinha observando as mudanças de comportamento e de humor. Percebia que Rafael andava sobrecarregado e impaciente com a equipe. Logo ele, que se relacionava tão bem com todos, tinha "perdido a mão". E decidiu convidá-lo para almoçarem juntos.
> Rafael estava em silêncio e com o olhar distante quando Paulo interrompeu aquela "viagem":
> — Está tudo bem com você, Rafa?
> — Eu nem sei o que responder, meu amigo! Parece que está tudo bem em minha vida, mas não consigo me sentir bem. Ando querendo fugir de mim mesmo.

— Como posso te ajudar?

— Talvez me dizendo como tem me percebido. Acho que está acontecendo algo que nem eu consigo enxergar.

— O que mais me chama atenção é que você está fazendo tudo ao mesmo tempo e se sobrecarregando. Continua fazendo tudo o que fazia antes e parece que se perdeu ao assumir a liderança, com mais atividades do que você pode dar conta. Você é humano, cara! Lembre-se disso.

— Descobri que não curto a gestão e não sei o que fazer. Será que minha tristeza vem daí?

— Se você tem alguma dúvida, busque entender, mas, para mim, está claro que sua mudança de humor passa por aí. O que representa a gestão para você?

— Deixar de fazer o que eu amo para ficar dando ordens aos meus colegas, o que não curto nem um pouco. E a minha salvação é colocar a mão na massa, pois é o único momento em que sinto que estou sendo produtivo.

— E quem disse que tem que dar ordens? E se você for um líder próximo de sua equipe, que acompanha o que fazem, desenvolvendo de perto os colaboradores? Ensinando-os a fazerem bem o que você faz com excelência?

Naquele momento, acendeu-se uma luz em Rafael. Liderar poderia ser prazeroso! Agradeceu ao Paulo pelo papo e decidiu conversar com Thais.

Delegue 100% de atividades mão na massa para você crescer na direção da gestão com qualidade de vida.

— Tudo joia, Thais? Queria sentar com você para falarmos da minha carreira. Pode ser?

— Claro, Rafa! Por mim pode ser agora.

Rafael falou da conversa que teve com Paulo e pediu ajuda à sua líder sobre como melhor direcionar a equipe. Falou da sobrecarga que sentia e confessou que até pensou em sair da empresa por causa da desmotivação.

Thais disse que tinha percebido que ele não estava confortável no novo cargo e que pensava em chamá-lo para conversar, mas ele se antecipou. Ela foi humilde ao reconhecer que a decisão promovê-lo talvez tenha acarretado a perda de um excelente técnico para ganhar um gestor infeliz e queria reverter essa situação. Foi quando propôs:

— O que acha de experimentar, durante os próximos três meses, delegar as atividades que estão em seu colo e ir assumindo aos poucos o desenvolvimento de sua equipe? Estarei perto de você, ajudando nesse passo a passo da delegação, e diante de sua paixão pela parte técnica, você dá foco em desenvolver as hard skills do seu time. Topa?

— Fechado!

Rafael já ficou mais contente e chegou com mais energia em casa naquele dia, com ânimo para brincar com a filha, que deu gritinhos de alegria, e recebeu um abraço caloroso de sua esposa.

Os meses se passaram, e Rafael começou a se encantar por ser esse líder educador que treina a equipe. À proporção que o tempo passava, ele percebia a necessidade de dar feedbacks sobre o comportamento das pessoas de seu time. Foi uma mudança natural e *paulatina, com o suporte próximo de Thais e papos frequentes com Paulo. Quando ele se deu conta, estava também desenvolvendo as soft skills da equipe, e especialmente as dele.*

Assim como aconteceu com Rafael, podemos sempre mudar de direção no que diz respeito aos nossos mobilizadores. Para isso é essencial ter abertura e entrega, com autoconhecimento constante e flexibilidade. Em função disso, a ferramenta Âncoras de Carreira deve ser repetida anualmente, pois o seu brilho nos olhos pode mudar de direção ao experimentar coisas novas ou diante de acontecimentos em sua vida pessoal e carreira. Assim como também pode permanecer o mesmo e a mudança deverá estar em suas escolhas: se for necessário, mude de empresa, de carreira, de atuação... só não abra mão de sua felicidade.

Lembre-se de que o propósito dessa ferramenta é ajudar você a fazer suas escolhas de maneira consciente, alinhadas ao que o realiza, mas com um posicionamento maduro, o que o leva a conquistar o sucesso com felicidade.

Conhecer o seu propósito é uma base importante para você ser um líder protagonista na sua carreira, negociando com seu gestor atividades que estejam alinhadas com o que o motiva. Mostre que você está em processo de autoconhecimento e sabe como melhor contribuir para os resultados da empresa. Explique que fazer o que lhe dá brilho nos olhos é a direção certa para você atingir a alta performance e que, com isso, todos ganham: você e a organização. Peça também feedbacks e mostre que está disposto a flexibilizar. Só não aceite trabalhar infeliz nem sobrecarregado, pois você estará abrindo mão de sua humanidade. Dialogar de maneira assertiva e com flexibilidade é o caminho para se chegar ao ganha-ganha. Se você não fizer isso, pode correr o risco de optar por sair da empresa e esse padrão voltará a se repetir, não importa aonde vá. A mudança está em você, em saber comunicar para o mundo quem é você e negociar o seu espaço.

Siga na direção do mindset da eficácia, que corresponde a fazer a coisa certa, assunto no qual nos aprofundaremos no próximo capítulo, que é o terceiro passo do caminho. Comece já a praticar em sua carreira o que aprendeu neste capítulo. Como diz Maurício Benvenutti em *Desobedeça*,[22] tenha foco no que você é bom para ter nota 10 nisso. Querer fazer tudo do jeito certo, sem ser a coisa certa, levará você à mediocridade, com nota 7 em todas as coisas, ou você pode até ter nota melhor, mas à custa de falta de qualidade de vida ou da felicidade na vida pessoal. Posicione-se: seja um líder protagonista!

Agora, vamos ao 3º passo de nossa caminhada.

---

[22] BENVENUTTI, M. **Desobedeça:** a sua carreira pede mais. São Paulo: Gente, 2021.

capítulo 6

MINDSET DA EFICÁCIA

Uma empresa da área de logística era considerada muito eficiente por ter uma equipe que trabalhava do jeito certo, procurando atender todas as solicitações dos clientes. Os profissionais viravam a madrugada para entregar o que era demandado, seguindo a ordem das solicitações, mas todos estavam exaustos – desde a área comercial, passando pelo marketing, administrativo, tecnologia da informação, entregadores... A organização cresceu em um bom ritmo até chegar a pandemia de covid-19, quando a demanda aumentou muito, e eles se perderam.

Contrataram uma consultoria para entender o que estava acontecendo e como dar a volta por cima de maneira ágil para continuar competindo no mercado. A primeira reunião foi de queixas e desabafos por parte dos gestores:

— Estamos contratando vocês porque já não sabemos o que fazer, não temos mais braços para entregar o que nos pedem.

Outro acrescentou:

— Justamente agora, com essa pandemia, no momento em que o mercado nos dá a oportunidade de crescer, não estamos dando conta. As pessoas estão em casa, pedindo comida, comprando roupas on-line e tudo mais...

Então um dos consultores perguntou:

— Onde vocês querem chegar enquanto empresa?

— Nós só queremos nos livrar desses problemas e das reclamações dos clientes e de nossos colaboradores. O pessoal está se queixando de sobrecarga, de retrabalho dentro da própria equipe, assim como entre as diferentes áreas. A nossa vontade é de parar tudo, pois começamos a ter prejuízo em uma fase em que deveríamos estar crescendo.

— E o pior. Estamos procurando identificar os culpados, as pessoas que cometem erros e retrabalhos, e não estamos conseguindo.

— A questão está justamente aí. Vocês estão gastando tempo, energia e dinheiro de maneira ineficaz ao focarem o problema e tomarem atitudes pensando apenas na eficiência.

— Como assim?

— Em momento algum vocês falam na solução que buscam, mas nos problemas que têm, e perdem tempo procurando os culpados, justamente por não estarem fazendo a coisa certa, o que resulta em falta de comunicação entre as áreas, falta de colaboração e de transparência.

Eles se entreolharam, sem entender tudo o que estava sendo dito, mas começaram a perceber que havia uma saída, o que alimentou uma pontinha de esperança.

Um dos gestores perguntou:

— Você está nos dizendo que devemos deixar de pensar na eficiência para crescermos?

— Não é deixar de pensar na eficiência, mas, se você for eficiente fazendo a coisa errada, de nada adianta. É como se você estivesse dirigindo perfeitamente, com prudência, estando habilitado, com um carro novo, abastecido e em uma estrada de São Paulo a caminho de Porto Alegre, mas o seu objetivo desde o início era ir para Salvador. Quanto mais dirige – mesmo que do jeito certo –, mais se distancia de onde você quer chegar, pois estará na direção errada. Não adianta fazer do jeito certo se você está fazendo a coisa errada. Fazer a coisa certa, ou seja, dirigir na direção da Bahia, seria dirigir com eficácia. O que está acontecendo na empresa é que vocês estão dirigindo na direção do Rio Grande do Sul e quando falam em buscar os culpados, é como se estivessem gastando mais combustível do que deveriam. Além de seguir na direção errada, estão com algum problema no motor que ainda não identificaram, então me parece que estão sendo também ineficientes em algumas situações. Vamos por partes! O que vocês já fazem de "gestão à vista", o que já implementaram de agilidade e em qual área?

Um dos responsáveis por tecnologia falou:

— Começamos a usar uns post-its, mas desistimos por ordem de um dos gerentes, que não quer que todos controlem as atividades da equipe dele. Ele quer centralizar o controle.

Depois de algumas breves reuniões de orientação, os profissionais iniciaram um trabalho para a implementação dos métodos ágeis em toda a empresa. O primeiro passo foi o início da "gestão à vista", com a prática do kanban, o que começou a impactar positivamente na comunicação e colaboração inter e intraequipes, além de levar os profissionais de todas as áreas a assumirem mais o protagonismo.

Em seguida, mudaram a perspectiva do "fazer o que o cliente pede" para "realizar o que o cliente precisa" a partir de uma escuta mais ativa e de colaboração com os clientes internos e externos.

Adaptaram o método *Scrum* à realidade da cultura da empresa, realizando cerimônias como a daily, planning e retrospectiva, além de celebrações ao final de cada rodada *Sprint*.

NÃO ADIANTA FAZER DO JEITO CERTO SE VOCÊ ESTÁ FAZENDO A COISA ERRADA.

> Os líderes passaram por treinamento com base no MAC (falamos dele no Capítulo 4), fortalecendo, assim, a mudança de mindset para a agilidade e eficácia, e com o desenvolvimento de soft skills e de uma liderança servidora, deixando o estilo de gestão "comando e controle" para trás.
>
> Com essas estratégias, o *turnover* de profissionais, que era alto, começou a diminuir e a empresa finalmente deu conta do seu crescimento.

Parece um contrassenso, mas não é: ao tornar uma empresa mais ágil, mais eficaz, você está contribuindo para uma maior humanização e, por isso, os resultados aparecem como mágica, mas todos promovidos naturalmente pelo ser humano em sua essência. Ao fazer a coisa certa, a empresa ganha mais energia, tempo e dinheiro. Os profissionais deixam de se sobrecarregar com volumes de trabalho ou mesmo com trabalho desnecessário e vão assumindo a autogestão.

Nesse sentido, a direção da eficácia corresponde à direção da simplicidade. Como eu trago em meu livro *O poder da simplicidade no mundo ágil*, a simplicidade corresponde a tudo o que não é exagero e desperdício, ao que não é excesso. É o que há de mais essencial nas pessoas, na espontaneidade, é o que há de mais genuíno no ser humano.

Como disse a autora Clare Boothe Luce: "A simplicidade é a maior sofisticação".[23]

E esse é o caminho da agilidade, que tem em sua essência o mindset da eficácia e tem levado as empresas que o adotam a

---

[23] LUCE, C. B. A simplicidade é a maior... **Pensador**, 2005-2022. Disponível em: https://www.pensador.com/frase/MjE1MTExNQ/. Acesso em: 5 jan. 2022.

crescerem exponencialmente ao decidirem fazer a coisa certa. O que, nesse sentido, corresponde a seguir um propósito, tema que já iniciei no capítulo anterior, quando falei sobre o posicionamento de líder protagonista ágil. Quando pensamos na relação entre a carreira do profissional e a cultura da empresa, vemos que esse é um movimento de mão dupla. As empresas que seguem um propósito, o PTM (Propósito Transformador Massivo) – apresentado no livro *Organizações exponenciais* e já abordado por mim no Capítulo 4 –, contribuem para que seus colaboradores também sejam movidos por um propósito e, assim, entendam o sentido de fazerem o que fazem. O PTM é uma declaração de propósito que mostra o percurso desde o ponto de partida até onde se deseja chegar, é um elemento essencial para alavancar o empreendimento. Um exemplo de PTM é o do Google: "Organizar as informações do mundo e torná-las acessíveis a toda população".[24]

Por outro lado, o profissional que faz parte de uma corporação, ao atuar fazendo a coisa certa, conectado ao seu propósito, está contribuindo com o crescimento da organização da qual faz parte. Fazer a coisa certa é um importante caminho para a evolução de profissionais e empresas.

Quando olhamos sob a perspectiva dos processos, é importante entender que, para se trabalhar bem e com resultado, não é preciso trabalhar mais. É fundamental priorizar e dar foco ao que traz mais impacto. É fazer a coisa certa, na hora certa.

Alisson Vale, fundador do Software Zen e parceiro em um treinamento que ministro, Soft Skills para Líderes Ágeis, é autor de uma obra que trata de maneira profunda esse tema: *A fórmula da*

---

[24] ISMAIL, S.; MALONE, M. S.; VAN GEEST, Y. **Organizações exponenciais:** por que elas são 10 vezes melhores, mais rápidas e mais baratas que a sua (e o que fazer a respeito). São Paulo: Alta Books, 2019.

eficácia. Ele afirma que um time eficiente entrega o que o cliente pede (faz do jeito certo), enquanto um time eficaz entrega o que o cliente precisa (faz a coisa certa). Trabalhar esse mindset é atuar como líder protagonista de maneira eficaz, ajudando as pessoas a resolverem problemas. Ao fazer isso, você ajuda na autogestão do time, atuando como um líder servidor que desenvolve pessoas na direção da solução.

Na Parte I do livro, ao se referir ao Russell L. Ackoff, téorico organizacional norte-americano e pioneiro no campo de pesquisa da ciência da administração e do pensamento sistêmico e operacional, Alisson diz que "quanto mais certo você faz a coisa errada, mais errado você se torna".[25] Alisson reforça essa ideia ao citar uma frase de Peter Drucker: "Não há nada tão inútil quanto fazer com grande eficiência aquilo que não deveria ser feito".[26]

Para que você não se torne errado ou equivocado diante de sua vida, eu lhe faço um convite agora.

Pegue um lápis ou caneta e uma folha de papel e escreva uma lista das coisas que você identifica que está fazendo a mais em áreas específicas de sua vida. Tudo aquilo que é exagero, sobrecarga ou excesso e que você deseja eliminar. Em seguida, faça uma lista do que representa fazer a coisa certa, as ações que o ajudarão a se realizar ou a cuidar desse aspecto em sua vida. E, por fim, monte um plano de ação com pelo menos quatro ações que você adotará para sair do mindset da eficiência (fazer tudo do jeito certo) para o mindset da eficácia (fazer a coisa certa). Caso esteja com o livro impresso, pode preencher as questões a seguir:

---

[25] VALE, A. **A fórmula da eficácia:** como fazer a coisa certa no seu projeto de software. Brasília, DF: Software Zen, 2020. p. 11.

[26] *Idem.* p. 46.

FERRAMENTA UMA VIDA EFICAZ

1. Coisas que correspondem ao exagero, excesso ou sobrecarga em minha vida

Saúde e qualidade de vida

_____
_____
_____
_____
_____

Carreira

_____
_____
_____
_____
_____

Relacionamentos

_____
_____
_____
_____
_____

Financeiro

_____
_____
_____
_____
_____

2. Coisas certas a fazer daqui para frente (mindset da eficácia)

Saúde e qualidade de vida

_____
_____
_____
_____
_____

Carreira

_____
_____
_____
_____
_____

Relacionamentos

_____
_____
_____
_____
_____

Financeiro

_____
_____
_____
_____
_____

3. Plano de ação para começar a direcionar minha vida de maneira eficaz – o que, como e quando vou fazer (no mínimo quatro ações, uma para cada área)

Saúde e qualidade de vida
_____
_____

Carreira
_____
_____

Relacionamentos
_____
_____

Financeiro
_____
_____

Focar ações específicas que proporcionem mais impacto em sua vida é o caminho para você cuidar de sua agilidade emocional. Para isso, é necessário ter maleabilidade e fluidez no mindset, o que significa a sua habilidade em reconhecer e aplicar suas experiências pessoais, sejam elas boas ou ruins, de maneira mais consciente e produtiva no seu dia a dia. Susan David, psicóloga sul-africana, apresenta esse conceito no seu livro *Agilidade emocional*.[27] A autora afirma que fazer muita coisa ao mesmo

---

[27] DAVID, S. **Agilidade emocional:** abra sua mente, aceite as mudanças e prospere no trabalho e na vida. São Paulo: Cultrix, 2018.

tempo é como dirigir bêbado. Por isso, posicionamento para fazer a coisa certa é essencial, é uma atitude para cuidar de sua vida. Ao preencher essa lista e entrar em ação, você estará seguindo na direção certa.

Apesar de todas as perdas que o início da pandemia representou, não podemos negar que ela também foi uma oportunidade para quem decidiu evoluir. Foi um momento em que nos vimos diante da necessidade de desapegarmos de muitos gastos com eventos desnecessários, quando nos recolhemos em nossos lares, diminuímos o tempo gasto no trânsito, economizando também energia e dinheiro.

Como tem sido para você esses momentos mais introspectivos? Aproveitou para se conhecer mais e rever atitudes desnecessárias e focar no que é a coisa certa para a retomada pós-pandemia? Ou você continuou no mesmo padrão que vinha, sem buscar evoluir? A hora é agora, mesmo que você acredite que o tempo passou. Como diz meu grande amigo e escritor que muito admiro, Gilberto Cabeggi, *Antes tarde do que nunca*.[28]

No próximo capítulo, com o 4º passo do caminho para assumir o protagonismo ágil como nova atitude, você vai aprender a fazer a autogestão do seu tempo e compreender como é um importante salto para continuar ou começar a cuidar de você na jornada de conquista de resultados. Vem comigo!

---

[28] CABEGGI, G. **Antes tarde do que nunca:** você tem o direito de ser feliz. São Paulo: Gente, 2010.

capítulo 7

AUTOGESTÃO DO TEMPO

Você sabe dizer não? Aprendeu a dar limite ao que não faz parte de você, ao que não deseja? Ou procura fazer tudo do jeito certo para atender a expectativa dos outros e esquece de fazer a coisa certa por você? O minsdet da eficácia é essencial na sua gestão em relação ao tempo, pois você faz a sua gestão, e não a do tempo. O tempo é uma variável fixa, e a flexibilidade está em suas mãos, inclusive para cuidar de si. É aí que reside o grande salto para a autogestão.

Acompanho muitos profissionais que vivem sobrecarregados e com um sentimento ruim em relação às pessoas às quais não conseguem dizer não. Eles viram escravos da própria mente e de uma mágoa ou um mau humor criado pela falta de habilidade em dizer um simples "não", o que corresponde, em muitas situações, a dizer um "sim" para si próprio.

Em *Desobedeça*,[29] Maurício Benvenutti afirma que, ao aceitar algo que sua consciência sugere negar, há uma grande chance de você não gostar da experiência, magoar-se com quem o colocou nela e prejudicar a própria imagem. Ou seja, todos perdem nesse processo de forçar a barra para fazer as coisas que a alma ou a consciência não pedem. Precisamos nos escutar mais e nos conhecer nessa trajetória da vida. Ele lembra que disponibilidade não vence o jogo. Para cada solicitação que você aceita, uma parte do seu verdadeiro trabalho é deixada de lado.

A cada livro que escrevo – e esta é a minha quarta obra literária –, acontecem eventos para me distrair, para me sabotar. Eu preciso ter foco e aprender a dizer não para conseguir fazer a coisa certa. Eu me lembro de quando escrevi meu primeiro livro, *O segredo do sucesso é ser humano*,[30] e estava em uma fase de

---

[29] BENVENUTTI, M. **Desobedeça:** a sua carreira pede mais. São Paulo: Gente, 2021. p. 222.

[30] ANDRADE, S. **O segredo do sucesso é ser humano:** como conquistar resultados sensacionais na vida pessoal e profissional. São Paulo: Primavera Editorial, 2014.

aperto financeiro, em 2014. Assumi um prazo para a entrega e surgiu uma demanda de trabalho em uma indústria farmacêutica, por meio de uma consultoria à qual eu prestava serviço na época. Fiquei tentada a dizer sim, entretanto, eu sabia que teria de abandonar o sonho de lançar o meu primeiro livro, momento especial para me transformar em uma escritora, um sonho antigo. Confesso que foi difícil, mas tomei a decisão, dizendo não para mais um trabalho que pagaria minhas contas e me daria uma folga financeira, ao mesmo tempo em que disse sim ao meu sonho.

Hoje eu tenho uma estratégia que me ajuda a não me sabotar e a me concentrar de uma maneira especial, curtindo a minha companhia enquanto me delicio pelas linhas de cada livro. Em minha agenda, bloqueio espaços o suficiente para escrever as partes do livro que eu estabeleço como meta, reservo um hotel com antecedência e curto um momento "sabático" comigo, o computador e minha criatividade para deixar fluir. Quando criamos esses espaços, dizendo "sim" para nós, a nossa alma fica iluminada e nos oferece a criatividade de presente, com leveza e disposição.

E você? Tem conseguido organizar a sua agenda para realizar seus sonhos? Ou fica apagando incêndios para todo mundo? Lembre-se de que realizar seus sonhos não começa pelos outros, mas por você. E, quando você consegue fazer isso, por incrível que pareça, é quando consegue cuidar das pessoas, ficar inteiro no que faz, e a vida flui. Este livro chegou agora a você e o está ajudando em seu desenvolvimento e em sua evolução justamente porque eu soube dizer não para atividades de apagar incêndio e fazer a coisa certa.

Marcos e Cláudia eram casados e trabalhavam juntos. Eles se conheceram na época da faculdade, quando faziam publicidade. O que aproximou os dois foi justamente o espírito empreendedor para fazer acontecer. Tinham entusiasmo pelo que faziam e assim que se formaram abriram uma agência. Começaram contratando uma pessoa, depois outra e, quando deram conta, estavam com uma equipe de vinte pessoas, dois anos depois.

Ela engravidou, precisou se afastar por alguns meses, e ele se sentiu sobrecarregado. Estava em um nível tão alto de estresse que um dia passou mal, três meses após o nascimento do filho. Quando estava na emergência do hospital, deitado em uma maca, passou um filme na sua cabeça: os trabalhos em equipe, os primeiros projetos desenhados no estágio, o primeiro olhar trocado com Cláudia, quando surgiu aquele sentimento especial e iniciaram o namoro, e aquela loucura que estavam vivendo.

Naquele momento, Marcos decidiu que sua vida precisava mudar. Ele se deu conta de que aceitavam toda e qualquer demanda que aparecia na empresa. Haviam crescido e continuavam com a mentalidade da época da faculdade, em que o objetivo era ter trabalhos. Após esse momento de reflexão, ele entendeu que o propósito havia mudado, mas as atitudes continuavam as mesmas, dizendo sim para tudo o que aparecia. Atendiam pequenas, médias e grandes empresas, dos mais diversos nichos, enquanto o desejo era o de um posicionamento específico. Marcos percebeu que se não aprendessem a dizer não para demandas que não fizessem parte desse posicionamento, continuariam com muitos trabalhos, mas sem ter sucesso na carreira, muito menos na vida, pois faltava qualidade.

Marcos precisou ficar sobrecarregado com o afastamento de Cláudia e passar mal para entender que a vida tinha de mudar. Quando chegou em casa, abriu um vinho, convidou Cláudia para um papo descontraído, e falou:

— Estou muito feliz por tudo o que conquistamos até aqui, mas ando cansado, e precisamos mudar.

Ela ficou surpresa com a conversa e perguntou:

— Como assim? Mudar para onde?

Ele sorriu e disse:

— Para uma vida de crescimento com mais tempo para nós. Eu não estou conseguindo apoiar você em casa com as necessidades de nosso bebê, e na empresa parecemos desesperados pegando tudo o que vem pela frente. Estamos trabalhando mais a cada dia, não temos tempo para nada, e não estamos crescendo. Parece que nossa agência estagnou. Está na hora de escolhermos os nossos clientes, definir quem vamos ajudar com entregas de excelência, para termos excelência também em nossa vida.

Ela concordou e disse que nos momentos de amamentação refletia quanto à necessidade de mudar algo, mas não tinha identificado o que era até ele falar. Tinham encontrado o caminho. Com essa mudança, eles poderiam ter mais qualidade e um trabalho diferenciado para os clientes.

No dia seguinte, Marcos se reuniu com seus líderes e traçaram um plano. Mapearam os projetos e descobriram que o maior impacto que o trabalho deles causava era nos trabalhos focados no fortalecimento do respeito à diversidade nas grandes empresas, e foi por aí que seguiram. Estabeleceram metas de entregas para todos os projetos que não faziam parte desse escopo e alinharam com a área comercial qual seria o foco dali para frente: dizer "sim" para as demandas específicas, alinhadas ao propósito da agência, e "não" para todas as outras que não se encaixassem, essas encaminhariam para agências parcerias que cuidassem de outras frentes.

> *Quando começaram a fazer isso, essas agências parceiras devolveram a gentileza e passaram a encaminhar para eles todas as demandas referentes ao novo posicionamento da empresa, que passou a ter muito sucesso, de maneira fluida.*

Mauricio Benvenutti conta, em seu livro *Desobedeça*, que o investidor Warren Buffett afirma que "a diferença entre os indivíduos de sucesso e os indivíduos de muito sucesso é que os de muito sucesso dizem não para quase tudo".[31]

Nessa perspectiva, em minha jornada de carreira, eu descobri que o "sim" sem propósito é o grande vilão para me distrair quando quero realizar algo maior. Quando quero crescer ou inovar algo em minha vida ou carreira, preciso ficar atenta a cada sim que corro o risco de dizer sem desejar, sem que seja o meu foco principal. Aprendi na prática o que Benvenutti afirma no livro: lotar agenda é um trabalho duro, e não um trabalho inteligente.

Brené Brown, autora norte-americana, diz, em seu livro *A coragem de ser imperfeito*, que uma das estratégias mais universais de entorpecimento é viver "loucamente atarefado".[32] É uma crença limitante acreditar que se estivermos sempre ocupados vamos atingir o sucesso. A verdade é que assim estaremos sabotando o alcance desse mesmo sucesso.

Ainda no *Desobedeça*, Benvenutti afirma que, segundo Steve Jobs, focar diz respeito à sua coragem de abandonar mil ideias para cumprir um grande feito. Inovar, portanto, é saber dizer não.

---

[31] BENVENUTTI, M. **Desobedeça:** a sua carreira pede mais. São Paulo: Gente, 2021. p. 219.

[32] BROWN, B. **A coragem de ser imperfeito:** como aceitar a própria vulnerabilidade, vencer a vergonha e ousar ser quem você é. Rio de Janeiro: Sextante, 2016.

Quais são as ideias e trabalhos (aqueles árduos e que roubam maior tempo de sua agenda) que você precisa abandonar hoje para realizar coisas maiores? Vamos fazer um mapeamento de suas atividades, do seu dia a dia, com foco nas realizações maiores?

FERRAMENTAS PARA A GESTÃO DO LÍDER PROTAGONISTA NA RELAÇÃO COM O TEMPO

Para se organizar e ter foco, é preciso usar estratégias que o ajudem a não se distrair e a não sair do caminho. Tem uma ferramenta de que eu gosto muito, e provavelmente você já a conhece, mas é possível que nunca tenha trabalhado com ela para ressignificar a sua vida. A grande inovação não está na ferramenta, mas na maneira como vamos utilizá-la. Vamos fazer isso agora, respondendo à Matriz da Gestão do Tempo, criada por Stephen Covey e apresentada por ele no livro *Os 7 hábitos das pessoas altamente eficazes*.[33] Vamos juntos nessa jornada?!

Fiz algumas modificações na maneira de trabalhar com essa ferramenta para adaptá-la a uma análise sob a perspectiva da agilidade. Você entenderá como lidar com cada desafio para fazer sua gestão em relação ao tempo. Eu vou explicar o passo a passo, e você verá que é delicioso mapear a sua vida, direcionando-a para fazer a coisa certa, de maneira a ter mais qualidade de vida e realizações.

Segundo Stephen Covey, nossas atividades se dividem em categorias que correspondem à sua URGÊNCIA e IMPORTÂNCIA: aquelas que são urgentes e importantes, as urgentes e não importantes, as não urgentes e não importantes e, por fim, as não

---

[33] COVEY, S. R. **Os 7 hábitos das pessoas altamente eficazes:** lições poderosas para a transformação pessoal. Rio de Janeiro: BestSeller, 2017.

urgentes e importantes. Vamos falar delas, e vou dizer a você o que fazer diante da realidade de cada uma:

URGENTES E IMPORTANTES

São aqueles projetos com data marcada e que têm o objetivo de resolver crises, o que leva a um padrão de apagar incêndios, ao estresse e esgotamento.

O que fazer: identifique o que você pode delegar para outras pessoas por não fazer parte de seu propósito e, se preciso, ajude-as no desenvolvimento, mas foque o que cabe ao papel que você assume. Para ter suporte nessa etapa, use a ferramenta Delegação Ágil, apresentada do Capítulo 5.

URGENTES E NÃO IMPORTANTES

Atividades que são urgentes para outras pessoas, mas que só causam interrupção em sua vida, tirando o seu foco. Você faz porque não sabe dizer não e se desgasta com isso, assumindo o papel de vítima que se queixa dos outros, sendo que, no fundo, você é o responsável pela atribulação por não dizer não.

O que fazer: é óbvio e você insiste em não enxergar, ou seja, dizer não. A hora é agora! Aproveite para endereçar essas demandas para áreas e pessoas específicas. Será que você está sendo interrompido diversas vezes por pessoas diferentes com a mesma demanda? Talvez seja hora de promover um treinamento ou gravar vídeos esclarecedores sobre determinados assuntos, o que levará conhecimento às pessoas, que não precisarão mais interrompê-lo.

NÃO URGENTES E NÃO IMPORTANTES

Essas são as atividades chamadas "perda de tempo" ou "ladrões do tempo", pois roubam o seu foco. São aquelas que podem ser agradáveis, mas inúteis, que o levam a procrastinar e a fugir de suas responsabilidades.

O que fazer: comece por mudar o seu mindset, entendendo que não são essas atividades que roubam o seu tempo. Comece a ser o protagonista de seu pensamento, com o entendimento de que <u>você é quem está dando espaço para essas ocupações furtarem seu tempo bem precioso e que você joga fora com essas atividades</u>. Elimine para dar foco ao que é importante, usando ferramentas que veremos mais adiante, como a Lei de Parkinson. Curta essas atividades quando elas tiverem o propósito de distrair, relaxar, descontrair, conectá-lo a amigos e lazer. Nesse momento elas são importantes, mas no momento em que roubam a sua atenção e energia, só o prejudicam. Fique ligado!

NÃO URGENTES E IMPORTANTES

O grande salto de sua vida está aqui. São atividades de extrema importância que você deixa de lado justamente por não serem urgentes. Você pode tocar a sua vida sem fazer nada disso, mas estará "cumprindo tabela", deixando a vida passar batida por você, sem construir a sua história. Aqui estão as atividades que o levarão para outro patamar de sua carreira, promovendo o seu desenvolvimento profissional e proporcionando qualidade de vida, realização, plenitude e felicidade. Foco total nelas!

O que fazer: comece já a listar os seus sonhos, transformando-os em realidade. Foco no que pode não ser urgente, mas que é o que faz de você alguém importante na própria vida, que merece alcançar a felicidade. Ser eficaz corresponde a realizar essas atividades, a coisa certa, que vai levá-lo a lugares a que você sonha ir e achava não ser capaz. Coloque-se, a partir de hoje, como prioridade e monte seu plano de ação para realizar o que deseja nesse quadrante de sua vida para, enfim, ocupar o seu lugar no mundo. Você merece ser feliz!

A seguir apresento esse conteúdo em uma matriz de exemplo. Logo depois você terá uma matriz vazia para preencher ao seu modo. **A sua matriz!** Anote o que você vai fazer ou do que vai desapegar em cada um dos espaços com foco nas atividades que cabem a você.

MATRIZ DA GESTÃO DO TEMPO

	URGENTE	NÃO URGENTE
IMPORTANTE	**ATIVIDADES** CRISES; PROBLEMAS URGENTES; PROJETOS COM DATA MARCADA. **RESULTADOS** ESTRESSE; ESGOTAMENTO; ADMINISTRAÇÃO DE CRISES; CONTROLE DE INCÊNDIOS.	**ATIVIDADES** PREVENÇÃO/PLANEJAMENTO; DESENVOLVIMENTO DE RELACIONAMENTOS; NOVAS OPORTUNIDADES; LAZER E PRAZER. **RESULTADOS** EQUILÍBRIO E AUTOGESTÃO; REALIZAÇÃO; PLENITUDE; FELICIDADE.
NÃO IMPORTANTE	**ATIVIDADES** INTERRUPÇÕES (EX.: NOTIFICAÇÕES DO WHATSAPP); NOTIFICAÇÕES; FAZER PARA OS OUTROS. **RESULTADOS** FOCO NO CURTO PRAZO; ASSUMIR PAPEL DE VÍTIMA AO NÃO CONTROLAR A PRÓPRIA VIDA; ATENDER A EXPECTATIVA DOS OUTROS.	**ATIVIDADES** PERDA DE TEMPO; ATIVIDADES AGRADÁVEIS, MAS INÚTEIS (EX.: USO EXAGERADO DAS REDES SOCIAIS). **RESULTADOS** DETALHES PEQUENOS; FUGA DE RESPONSABILIDADE; PROCRASTINAÇÃO; COMPARAÇÃO COM OS OUTROS.

SUA MATRIZ DA GESTÃO DO TEMPO

	URGENTE	NÃO URGENTE
IMPORTANTE		FOCO PARA REALIZAÇÃO E FELICIDADE
NÃO IMPORTANTE		

Após mapear sua vida na relação com o tempo de maneira macro, vou apresentar a você mais duas ferramentas que o ajudarão nas realizações das tarefas do seu dia a dia e dos seus sonhos.

Vamos agora conhecer a ferramenta Big Win, na qual você vai relacionar os seus grandes ganhos, vitórias e conquistas do dia, da semana, do mês e do ano. Fica a seu critério definir como vai usá-la. O mais importante é entender que, em meio a tantas coisas que realizamos, quando estabelecemos ações específicas para darmos foco, colocando-as como prioridade, sentimo-nos mais realizados.

Assim, certificamo-nos de que conseguiremos fazer aquilo que nos comprometemos com nós mesmos.

FERRAMENTA BIG WIN

Em sua agenda, destaque qual é o seu BIG WIN de cada dia:

SEGUNDA __/__/__	TERÇA __/__/__	QUARTA __/__/__	QUINTA __/__/__	SEXTA __/__/__	SÁBADO __/__/__	DOMINGO __/__/__
– BIG WIN	– BIG WIN	– BIG WIN	– BIG WIN	– BIG WIN	– BIG WIN	– BIG WIN

Faça isso também em relação às semanas, meses e anos, criando a sua escala.

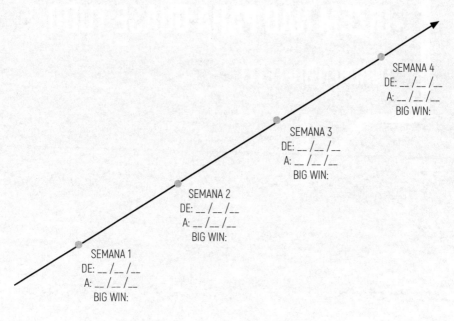

"A DIFERENÇA ENTRE OS INDIVÍDUOS DE SUCESSO E OS INDIVÍDUOS DE MUITO SUCESSO É QUE OS DE MUITO SUCESSO DIZEM NÃO PARA QUASE TUDO."

(WARREN BUFFETT)

Lembre-se de usar a ferramenta Big Win também para atividades pessoais, de lazer e prazer: aquela viagem que você tanto deseja e tem deixado sempre para depois, momentos especiais com a família ou com o seu amor! Tudo isso abastece a sua alma para realizar mais e mais em sua carreira. Você é um ser humano integral.

Por fim, quero apresentar uma terceira ferramenta, ela o ajudará a fazer a gestão para aproveitar o tempo de maneira micro, com espaços que você criará durante o dia. É a Lei de Parkinson.[34] Essa lei diz que o trabalho expande de modo a preencher todo o tempo disponível para a sua realização. Quando você tem menos tempo, acaba tendo mais objetividade, mais praticidade e menos desatenção. Para conseguir se organizar melhor, simplesmente vai estabelecer metas de tempo para realizar atividades específicas. Veja os passos a seguir.

FERRAMENTA LEI DE PARKINSON

1. Liste atividades que você precisa realizar e tem deixado para depois porque tem todo o tempo disponível, mas procrastina e nunca realiza;
2. Delimite o tempo que você sabe que é necessário para realizar cada uma das atividades;
3. Agende esses espaços de tempo com você e com quem mais possa estar envolvido nessas atividades (se desligue de tudo e avise as pessoas para não te interromperem).

Parece mágico, mas você vai fazer tudo o que precisa em um piscar de olhos!

---

[34] PARKINSON, C. N. **A Lei de Parkinson:** bem-humorada estratégia de relações humanas, carreira, organização e negócios. Rio de Janeiro: Nova Fronteira, 2008.

Acompanhei uma profissional da área de recursos humanos que chegou com uma demanda específica: assumir uma nova posição, dessa vez mais estratégica, pois sabia que esse era o caminho para o seu crescimento. Quando me procurou, disse que já tinha isso em mente havia dois anos, mas que não estava com tempo para realizar, pois estava sendo devorada pelas demandas urgentes, algumas bastante importantes, e outras nem tão importantes assim, que tomavam seu tempo.

Perguntei a ela qual estratégia seria necessária para dar esse salto, qual seria o primeiro passo a partir daquela data. Ela respondeu de bate-pronto: "Preciso mapear todas as atividades da área e redistribuir de maneira mais assertiva entre a equipe. Depois disso, vou dar novos passos, mas esse é o grande gargalo, pois são muitos processos e muitas pessoas envolvidas". Estava claro para ela o que precisava ser feito, ela só não sabia como começar. A "promoção para uma posição estratégica" era o que estava no quadrante "importante e não urgente" em sua mente, mas ela não tinha feito o "download" dessa informação, preenchendo na matriz. Depois que eu sinalizei, isso ficou claro!

A partir daí, trabalhamos o Big Win e ela estabeleceu dois dias da semana para realizar o mapeamento com a ajuda de pessoas estratégicas da equipe. Ela bloqueou sua agenda e a dessas pessoas em quatro turnos. Como em um milagre, todos os processos foram mapeados rapidamente e, além do Big Win, ela trabalhou com a Lei de Parkinson, reservando salas de reunião para quem estava trabalhando no presencial se conectar com aqueles profissionais que estavam em home office. Avisaram ao restante dos profissionais que precisariam não ser interrompidos durante um período de duas horas, isso poderia ser feito apenas quando eles paravam em curtos intervalos para tomar um café, olhar mensagens e descansar antes de voltar ao foco total.

O que essa profissional não estava conseguindo fazer ao longo de dois anos, realizou em uma semana apenas aplicando essas ferramentas de produtividade para a sua gestão do tempo.

Com essa atitude, ela fez a autogestão de sua carreira também. Pegou esses dados e traçou um plano para apresentar ao seu diretor, o que a levou a ocupar um novo cargo, mais estratégico, como era o seu sonho. Simples assim!

E você? Qual é o próximo sonho que quer realizar? O que você vai priorizar agora para a eficácia em sua vida e carreira? A agilidade começa em nós. Comece já!

Eu comecei esse processo a partir do meu segundo livro. O primeiro levei anos para escrever, eu tinha todo o tempo da vida para a finalização e ainda não conhecia essas ferramentas. Demorou muito para que fosse publicado, foram cerca de quatro anos entre a ideia e a concretização. Quando conheci essas ferramentas, a minha vida como escritora levantou voo, agora estou lançando meu quarto livro e consigo fazer cada um deles em apenas alguns meses. A ideia para o próximo já está em minha Matriz da Gestão do Tempo, e programado para realizar daqui a dois anos, intervalo médio que estabeleço entre os livros, mas que flexibilizei durante a pandemia, aumentando para três anos e meio.

Hoje, para a realização de cada livro que escrevo, eu uso as três ferramentas:

- Na Matriz da Gestão do Tempo, escrevo no quadrante "Importante e não urgente" o tema do próximo livro;
- No Big Win anual, estabeleço os meses que vou precisar para escrever o livro e, nos planejamentos semanal e diário, anoto os capítulos que vou escrever;
- Usando a Lei de Parkinson, eu organizo blocos de duas horas e defino o total de páginas que vou escrever nesse tempo predefinido.

Veja que você pode aplicar as três ferramentas em um único projeto! Para realizar as atividades que você preencheu no quadrante "Importante e não urgente", o ideal é que você use o Big Win e a Lei de Parkinson, ambas ajudarão a sair da intenção e seguir na direção da realização.

O VALOR DO TEMPO

Tenho algo especial para contar: mais do que usar qualquer técnica, o importante é você se conectar consigo e com o valor do tempo em sua vida. O tempo é um dos maiores bens que podemos ter e precisamos valorizá-lo. Enquanto alma humana, merecemos passar pela vida fazendo acontecer o que nos realiza, aproveitando o tempo com as pessoas que amamos e concretizando nossos sonhos para sermos felizes.

"Tempo, tempo, tempo, tempo...", como canta Caetano Veloso na música "Oração ao Tempo",[35] que fala do valor do tempo, retratando-o como "um dos deuses mais lindos", especialmente se for nas "rimas de nosso estilo":

---

[35] ORAÇÃO ao tempo. Intérprete: Caetano Veloso. *In*: CINEMA Transcendental. Rio de Janeiro: Philips Records, 1979. Faixa 2.

Por seres tão inventivo
E pareceres contínuo
Tempo, tempo, tempo, tempo
És um dos deuses mais lindos
Tempo, tempo, tempo, tempo
[...]
Portanto, peço-te aquilo
E te ofereço elogios
Tempo, tempo, tempo, tempo
Nas rimas do meu estilo
Tempo, tempo, tempo, tempo

E é nessa sintonia, melodia, alma e sabedoria de Caetano que trago aqui uma afirmação de Carl Jung: "Conheça todas as teorias, domine todas as técnicas, mas ao tocar uma alma humana, seja apenas outra alma humana".[36]

Muitas vezes nos esquecemos de que a nossa é a primeira alma que tocamos e, quando nos damos conta disso, aproveitamos mais o nosso tempo, a nossa vida. Começamos a viver mais o presente, que é a nossa existência ao nos conectarmos com o agora, o que nos dá uma importante base para construirmos o nosso futuro.

Vem comigo navegar pelo 5º passo dessa jornada, no qual nos conectaremos com o presente no tempo e com o presente que somos nós diante da vida!

---

[36] CONHEÇA todas as teorias, domine todas as técnicas... **ResiliênciaMag**, 23 fev. 2021. Disponível em: https://www.resilienciamag.com/conheca-todas-as-teorias-domine-todas-as-tecnicas-mas-ao-tocar-uma-alma-humana-seja-apenas-outra-alma-humana/. Acesso em: 5 jan. 2022.

capítulo 8

VIVA O PRESENTE E CONSTRUA O FUTURO

Amo música! Elas alimentam a minha alma. Mesmo que eu não tenha habilidade para cantar nem para memorizar as letras, muitas ficam registradas em meu coração por tocarem a minha alma. Fechamos o 4º passo do caminho com uma de Caetano Veloso, e é com a Ana Vilela que abriremos o 5º passo, com um trecho da música "Trem-Bala".[37]

[...]
Não é sobre tudo que o seu dinheiro é capaz de comprar
E sim sobre cada momento, sorriso a se compartilhar
Também não é sobre correr contra o tempo pra ter sempre mais
Porque quando menos se espera a vida já ficou pra trás

Segura teu filho no colo
Sorria e abrace os teus pais enquanto estão aqui
Que a vida é trem-bala, parceiro
E a gente é só passageiro prestes a partir
[...]

A melhor forma de construirmos o nosso futuro é a partir da valorização do agora, dos presentes que a vida trouxe para perto de nós. Aproveitar e se deliciar com cada sorriso nosso e de quem amamos, até daquelas pessoas que nem conhecemos, mas que se comunicam com a gente por meio de um simples sorriso. Não adianta correr contra o tempo para ter sempre mais, pois assim não estaremos usufruindo dele, mas nos deixando levar por uma correria sem sentido. Se a vida é trem-bala, a nossa missão é aproveitá-la ao máximo, amando o nosso presente, assumindo

---

[37] TREM-BALA. Intérprete: Ana Vilela. *In*: ANA Vilela. Rio de Janeiro: Slap Música, 2017. Faixa 4.

as nossas vulnerabilidades e nos amando como somos. Essa é a trilha para construirmos um futuro brilhante.

Eu posso ser eu mesma se sou aceita e não tenho que ser como os outros para me encaixar. Preciso ser aceita por mim, em primeiro lugar, para não ter de me encaixar. Ser aceito é estar em um lugar onde se quer estar, e se encaixar corresponde ao desconforto do ser. Como diz o título de um dos livros de Brené Brown, importante referência no tema vulnerabilidade, para estar confortável diante da vida, o ser humano precisa ter *A coragem de ser imperfeito*.

Nesse livro, ela traz, de maneira muito assertiva, o tema da vergonha como um sentimento bastante doloroso ou a experiência de acreditar que somos defeituosos e, portanto, indignos de amor e aceitação. Ela se refere ao "mecanismo de vergonha", comparando-a a um gremlin (aqueles mesmos dos filmes) afirmando que a vergonha detesta ser o centro das atenções e que, se falarmos abertamente sobre o assunto, ela começa a murchar.

Olha que maravilha isso! Quanto mais abrimos o nosso coração para sermos nós mesmos, falando de nossas inseguranças e nossas vulnerabilidades, mais estaremos presentes e verdadeiros com a nossa alma, vivendo de maneira plena, o que espanta a vergonha.

Muitas vezes, nesse mundo do trabalho, o profissional quer ser o super-herói, mas sem demonstrar suas vulnerabilidades ou se esquecendo de que é humano, e não uma máquina de trabalhar. Ele busca se encaixar do jeito que dá, mesmo com um desconforto diante da vida, às vezes até da família, sem parar para viver.

> *Luan era um empresário muito ocupado, era casado, tinha três filhos e o sonho de deixar a vida deles arrumada para serem felizes. Queria que todos prosperassem e teve somente um foco por um bom tempo na*

vida: trabalhar mais e mais para duplicar, triplicar a sua fortuna. Passava a vida viajando, com compromissos pelos quatro cantos do Brasil. No domingo à tarde, já começava a arrumar a mala para pegar o voo na segunda-feira logo cedo. Tinha filiais em cinco estados, com líderes preparados para dar conta dos problemas e do crescimento, mas continuava com alguns comandos na mente, pensamentos como: preciso trabalhar mais e mais, pois o futuro me espera *ou* aprendi que um provedor de família tem de agir como uma máquina que não para. *Em uma de suas voltas para casa, viu a mala de sua esposa e dos filhos arrumada. Estavam indo passar as férias das crianças na praia, em uma casa que alugaram. Ele se assustou e ficou surpreso, então perguntou à Letícia, sua esposa:*

— Para onde vocês estão indo, meu amor?

— Curtir as férias na casa de praia que alugamos. Enviei as fotos e pedi sua opinião diversas vezes, mas você me ignorou.

— Como assim?

— Veja em seu WhatsApp. Foi há mais de quinze dias. Você prometeu dar a sua opinião e não disse mais nada. Como eu tinha prazo para fechar, decidi sozinha. A verdade é que *as crianças me ajudaram, pois queriam uma casa com piscina e pertinho da praia. Fica a duas horas daqui e passaremos três semanas lá.*

Luan ficou cabisbaixo e pensativo, assustado com a independência da família. Queria se encaixar naquele contexto, mas ficou sem saber o que falar e como agir. Ela sempre esperava por ele, mas daquela vez tinha tomado a decisão sozinha. E a questão não era que ele estava atrasado, e sim querendo se adiantar demais, preocupado com o futuro das crianças. Ele, que tinha a família como principal valor, não estava usufruindo de tudo aquilo. Estava deixando de viver o presente, que era a família que tinha construído com Letícia.

Ela se cansou de reclamar da ausência dele, deixando de se queixar, e começou a tomar atitude, como protagonista que faz acontecer. Foi nesse momento que Luan acordou para a vida. Ele começou a se interessar por aquelas férias e pelo que estava acontecendo com sua família, mesmo sem saber se seria aceito no planejamento. No fundo, ele mesmo não estava se aceitando, não queria admitir que também precisava de férias e da presença de sua família. Mesmo assim perguntou:

— Quem vai levar vocês?

— Vou dirigindo no carro com as crianças, e nosso motorista vai levando mantimentos, junto com uma pessoa que vai me ajudar na cozinha e na arrumação da casa.

— Que dia vocês vão?

— Partiremos amanhã logo cedo, pois as crianças já marcaram de ir à praia com uns coleguinhas que também estarão na região com os pais.

— Quantos quartos são?

— Quatro. Um para Érica, outro para Melissa, um para Igor e um meu, ou nosso, quem sabe. A diferença de idade delas já pede um quarto para cada, até porque Mel convidou umas amigas para passar um final de semana. E nosso pequeno Igor faz as bagunças dele com os amiguinhos.

— Gostei disso: "nosso quarto"!

— Quem sabe você aparece por lá.

Luan ficou pensando no quanto estava correndo feito louco de um lado para o outro, preocupado com a *família, e não estava curtindo o que mais valorizava. No dia seguinte, depois que a família partiu, ele fez uma reunião remota com todos os diretores das filiais e do escritório da matriz e pediu ajuda:*

— Pessoal, preciso contar com vocês para tocar tudo enquanto me ausento por duas semanas.

Um deles perguntou:

— Está tudo bem, Luan?

— Ainda dá tempo de estar tudo bem, sim, se eu parar de correr. Preciso desacelerar para viver mais o presente. Ando cansado e ausente em casa. Quero aproveitar as férias com minha família e conto com vocês.

Um deles disse:

— Já era tempo, chefe! Não sei como aguenta essa vida.

Luan sorriu e terminou a reunião agradecendo a todos. Em seguida, foi para casa arrumar a mochila, com roupas descontraídas, coisas que não usava havia mais de dois anos. Ligou para o motorista e pediu que fosse buscá-lo, mas que não comentasse nada com Letícia nem com as crianças.

No fim da tarde, ele chegou de surpresa, e todos ficaram espantados em ver Luan daquele jeito, descontraído, com um sorriso largo no rosto. Seus filhos nem acreditaram e gritaram todos juntos:

— Papaaaaaii! Você aqui!

E correram para um abraço coletivo. Letícia se emocionou e ainda não acreditava no que estava vendo. Pensou: ele deve ficar somente durante o fim de semana. Para sua surpresa, ele disse que passaria quinze dias.

A cada dia, as coisas na empresa fluíam melhor, pois, se tinha uma coisa em que esse empresário era muito bom, era em desenvolver um time de excelência. Ele achava que não podia descansar, mas descobriu que a melhor forma de construir o futuro era aquela, vivendo o presente com a família e reconhecendo que já estava fazendo um bom trabalho com sua equipe. E assim se permitiu relaxar! A atitude protagonista de Letícia acordou Luan.

Para a surpresa de todos, ele esticou a estadia e ficou até o final das férias com a família, em um clima de alegria e leveza. Luan nunca tinha recebido tanto amor, pois, pela primeira vez, estava inteiro e pôde se doar por inteiro, colhendo o que estava plantando. Ele se aceitou e foi aceito de maneira plena pela família.

O retorno do Luan para o trabalho foi surpreendente. Voltou com mais energia, entusiasmo e alegria. Estava mais descontraído com a equipe, fechando importantes negócios. Aquela atitude foi um divisor de águas para a empresa, pois foi quando os colaboradores assumiram mais a responsabilidade por suas funções.

E você, tem aproveitado o seu presente? Quais são as coisas boas de sua vida que tem deixado de lado em decorrência de trabalhar desenfreadamente ou de uma ansiedade pelo futuro que nem chegou? Você sabia que desacelerar, como o Luan fez, é um importante caminho para cuidar do negócio do qual você faz parte, seja como proprietário ou colaborador?

O que acha de fazer uma lista do que significa PRESENTE para você. Coisas que você ama fazer e tem abandonado: jogos, cinema, curtir a família, ver seus pais, abraçar seu filho, realizar um sonho que está na gaveta... Dê uma paradinha agora e faça essa lista, definindo quando você vai proporcionar esse presente a si, o que vai lhe trazer entusiasmo para construir o seu futuro e, como consequência, trabalhar com muito mais energia. Preencha a tabela abaixo, agendando compromissos com você, coisas para essa semana, o mais próximo de hoje. Faça o possível para transformar sua intenção em realização, pois as ações precisam ser detalhadas, então defina o que vai fazer, como e quando.

LISTA DE PRESENTES

Coisas que representam alimento para a sua alma, base para se reabastecer na direção de uma REALIZAÇÃO FUTURA.

PRESENTES	O QUÊ	COMO/COM QUEM	QUANDO

Um dia, trabalhei essa lista com um cliente, arquiteto de soluções da área de tecnologia, quando ele me disse que estava esperando as férias para jogar mais em seu celular, algo que ele amava e não fazia havia meses em virtude do volume de trabalho, inclusive aos fins de semana. Perguntei se realmente precisava esperar as férias para se divertir. Ele me olhou em silêncio e disse que não, que poderia começar já, mas não tinha tempo. Ele colocou "jogar por trinta minutos" como Big Win daquela semana, definiu que seria na quarta-feira. Foi tão terapêutico que isso passou a fazer parte do seu Big Win diário, trazendo mais energia para o trabalho.

Eu, que atuo com essas questões, ajudando as pessoas, às vezes me esqueço de aplicar comigo. É delicioso quando me lembro, e é uma constante tomada de consciência.

Na primeira etapa da escrita deste livro, me hospedei por seis dias em um hotel em São Paulo, mesma cidade em que resido. Produzir intensamente de casa eu acho difícil por causa das atividades do dia a dia, interrupções para dar conta das tarefas domésticas e de trabalhos que respingam, mesmo com o bloqueio de agenda. Meu esposo é meu sócio, como já falei, então já viu! Quando nos damos conta, estamos falando de trabalho até nas reuniões familiares. Nossas filhas, Mari e Bia, já criaram um sinal entre elas para quando isso acontece, então nós dois paramos de falar, e todos sorrimos. Minha família me apoia, me ajuda em minhas decisões e me dá todo o suporte. É tão delicioso tudo isso... que eu até me perdi no que estava contando.

Já sei... voltando ao hotel em São Paulo, na primeira etapa de escrita deste livro! Eu me dei conta de que já tinham se passado três dias e eu só tinha saído do quarto para tomar café, as demais refeições eu pedia no quarto. Como estava na fase mais difícil da pandemia, até a arrumação do apartamento só acontecia quando pedíamos. Um dia, solicitei que fizessem a arrumação e reservei um tempinho para tomar sol na piscina. Que delícia foi aquele pedacinho de tempo, uma hora de reabastecimento de energia, de paz e iluminação. Coisas pequenas que precisamos nos permitir fazer!

Tomei essa decisão no momento em que minha coluna começou a doer depois dos longos períodos sentada. Refleti: *para onde vou com tanta ansiedade para terminar o livro?* Sabia que tinha prazo, mas ainda havia tempo suficiente para ser generosa comigo e viver o presente, não somente da escrita, também do sol, tão raro naquele período do ano e que estava ali, em minha frente. Pensei: *tudo dá certo quando equilibramos a disciplina com a calma, respirando paz e vivendo o presente.* Voltei a escrever com mais entusiasmo ainda, percebendo o quanto essas paradas são essenciais para a alta performance.

Preciso bastante de sol em minha vida, ele abastece a minha alma, e foi o que aconteceu, rapidamente estava de volta, escrevendo para você com muita energia e alegria. Quando o tempo fecha, ouço uma música que me ajuda a abastecer meu coração de luz, assim como o sol faz. Para encerrar a nossa playlist deste livro, trago a música que levanta meu astral nos piores momentos. Apresento aqui parte da letra. Aquela que traz o sol ao meu coração e minha alma, que ilumina a minha vida: "O Sol", do Vitor Kley.[38]

> *Ô, Sol*
> *Vê se não esquece e me ilumina*
> *Preciso de você aqui*
> *Ô, Sol*
> *Vê se enriquece a minha melanina*
> *Só você me faz sorrir*
>
> *E quando você vem*
> *Tudo fica bem mais tranquilo*
> *Ô, tranquilo*
> *Que assim seja, amém*
> *O seu brilho é o meu abrigo*
> *Meu abrigo*
> *[...]*

---

[38] O SOL. Intérprete: Vitor Kley. *In:* ADRENALIZOU. São Paulo: Midas Music, 2018. Faixa 1.

FAÇA O POSSÍVEL PARA TRANSFORMAR SUA INTENÇÃO EM REALIZAÇÃO, POIS AS AÇÕES PRECISAM SER DETALHADAS, ENTÃO DEFINA O QUE VAI FAZER, COMO E QUANDO.

Agora me diga: qual é a música que toca a sua alma e lhe traz vida, alegria e entusiasmo? Aquela que o deixa com o coração saltando de felicidade por conectá-lo ao momento presente, a você? Ouça essa música agora!

Em seu livro *Liderança autêntica*,[39] Kevin Cashman apresenta sete domínios para você se desenvolver como um líder autêntico. Um deles é o "Domínio do Ser", que discute a importância de liderarmos com presença, fazendo o que nos conecta com o momento presente, o que nos ajuda a sair do caos do dia a dia na direção da criatividade e da resolução de problemas. Para desenvolver esse domínio, algumas pessoas meditam, outras ouvem música, algumas fazem atividades físicas, entre diversas outras práticas.

Tudo isso contribui também no desenvolvimento da inteligência emocional, fundamental base para construirmos o nosso futuro. Na verdade, ao seguir o método que apresento neste livro, passo a passo, você já estará fazendo isso. Às vezes, a determinação para concluir ou continuar realizando algo pode ir contra a sua inteligência emocional: se você está insistindo em ações que não têm a ver com o seu propósito no trabalho, ou até nos seus relacionamentos interpessoais, como já dissemos anteriormente, é importante dar um basta. Como afirma Susan David em seu livro *Agilidade emocional*, "Às vezes, a coisa realmente corajosa a fazer é dizer: 'simplesmente não posso mais fazer isso comigo mesmo'".[40] Essa coragem no presente é alicerce para o seu futuro.

Além disso, dê foco no que lhe dá prazer e que você já vem realizando. Comece hoje a fortalecer a sua inteligência emocional, reconhecendo o que tem de bom no presente, identificando

---

[39] CASHMAN, K. **Liderança autêntica:** de dentro de si para fora. São Paulo: MBooks, 2010.

[40] DAVID, S. **Agilidade emocional:** abra sua mente, aceite as mudanças e prospere no trabalho e na vida. São Paulo: Cultrix, 2018.

coisas pelas quais você é grato, pratique o Exercício da Gratidão. Esse exercício consiste em registrar três coisas pelas quais é grato, coisas que aconteceram ou que você realizou em seu dia (aproveite o momento para agradecer o que concretizou do seu Big Win diário).

Compre um caderno ou use o bloco de notas do celular, mas lembre-se de registrar. Ao começar essa prática, você vai atrair mais felicidade, bem-estar e foco, vai espantar a tristeza e a depressão, entusiasmando-se e animando-se para realizar mais e mais. Esse exercício é fruto de pesquisas extensas baseadas na neurociência que provaram que nosso cérebro não consegue se ocupar de gratidão e de infelicidade ao mesmo tempo.[41]

Ao preencher sua mente com coisas boas, ficando feliz, você atrai o sucesso, realizando mais e mais para construir o seu futuro. Cheguei a essa conclusão a partir de outro estudo baseado na neurociência, que está descrito no livro *O jeito Harvard de ser feliz*,[42] já referido antes. Uma pesquisa provou que, diferentemente do que acreditavam antes do experimento, não é o sucesso que promove a felicidade das pessoas, mas as pessoas felizes que conquistam o sucesso.

Comece agora a fazer a sua lista de hoje! Faça como uma meditação, ou mesmo uma oração, caso você seja uma pessoa religiosa. Você vai colher frutos deliciosos.

Segundo Susan David, a *Agilidade emocional* "diz respeito a dar prosseguimento à vida, em direção a metas claras, desafiantes, porém alcançáveis, que você persegue não porque acha

---

[41] FUSCO, C. Expressar gratidão pode mudar seu cérebro. **Galileu**, 8 jan. 2016. Disponível em: https://revistagalileu.globo.com/Ciencia/noticia/2016/01/expressar-gratidao-pode-mudar-seu-cerebro.html. Acesso em: 5 jan. 2022.

[42] ACHOR, S. **O jeito Harvard de ser feliz:** o curso mais concorrido da melhor universidade do mundo. São Paulo: Benvirá, 2012.

que tem que perseguir, nem porque lhe disseram que tem que ser assim, mas porque você quer e são importantes para você".[43]

E é nessa perspectiva que você, agora, depois de entender e praticar ações que correspondem a importantes presentes, vai começar a traçar o seu futuro. Pense em uma meta, algo que você quer alcançar e que esteja alinhado ao seu propósito, e construa o seu "Road Map". Essa ferramenta o ajudará a realizar o seu próximo grande sonho, transformando-o em meta e ações específicas, passo a passo.

O Road Map é uma ferramenta muito simples e muito conhecida. No entanto sua grande vantagem está na atitude individual necessária para fazer acontecer a meta, praticando a ferramenta para entrar em ação. Para ajudá-lo a estabelecer uma meta clara e assertiva, construa-a baseada na técnica SMART, respondendo às seguintes perguntas:

S (específico) – o que você vai atingir, de maneira bem específica?
M (mensurável) – como vai mensurar o alcance?
A (alcançável) – como vai chegar lá?
R (relevante) – qual a importância desse resultado para você?
T (temporal) – em quanto tempo você vai realizar?

FERRAMENTA ROAD MAP

PLANEJANDO A ROTA DO FINAL PARA O COMEÇO

1. Escreva sua meta e a data de realização;

---

[43] DAVID, S. **Agilidade emocional:** abra sua mente, aceite as mudanças e prospere no trabalho e na vida. São Paulo: Cultrix, 2018. *E-book*.

2. Responda: O que aconteceu um passo antes da sua meta virar realidade? O que você fez? Quais foram suas ações? Quando foi isso? Coloque data em cada marco;
3. Anote todos os passos importantes, construindo uma rota de ações a serem seguidas nas próximas vezes.

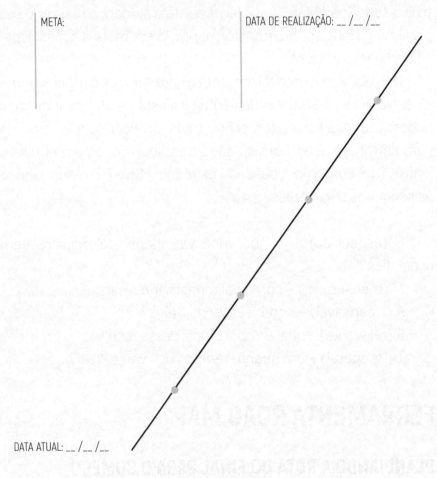

Comece hoje! Estabeleça agora uma ação inicial, um primeiro passo para ir em direção ao seu OBJETIVO, SONHO ou META.

_____

_____

> **Ao preencher sua mente com coisas boas, ficando feliz, você atrai o sucesso, realizando mais e mais para construir o seu futuro.**

Você consegue atingir qualquer coisa que desejar desde que esteja conectado com o seu propósito, isso vai ajudá-lo a ter **coragem**, que nada mais é do que agir com o coração, lembra? Lembre-se de que viver de maneira intensa o seu presente o ajuda nessa realização. Como afirmou Geraldo Rufino em *O poder da positividade*: "A melhor maneira de não ter medo do futuro é você viver o seu melhor presente".[44]

Siga em frente! Ao ter essas atitudes, além de se transformar em um líder protagonista, você vai arrastar uma multidão, ajudando a transformar vidas e organizações. Você conquista tudo isso ao atuar como um agente de mudança, o que veremos no capítulo a seguir, o 6º passo desta jornada.

---

[44] RUFINO, G. **O poder da positividade:** os 7 princípios para blindar a sua mente e transformar a sua vida. São Paulo: Gente, 2018. pp. 202-203.

capítulo 9
VOCÊ, AGENTE DE TRANSFOR- MAÇÃO

Você se lembra da Marília, a menina da área de tecnologia do hospital, que ajudou a transformar o dr. Matheus, chefe da UTI, no simpático líder Matheus? Falamos deles no Capítulo 3. Ela é um importante exemplo de agente de transformação para nos inspirarmos.

Quando falamos em uma gestão cada vez mais horizontalizada nas empresas, movimento que vem promovendo a cultura ágil e a transformação digital, nos referimos a uma nova forma de fazer, o que só acontece graças às pessoas protagonistas no processo, profissionais que contribuem para a construção de um time de autogestão e de alta performance que alavancam as empresas.

No passado, na época em que a gestão comando e controle trazia resultados, era responsabilidade do gestor promover essa alta performance na equipe, o que mudou. Hoje é responsabilidade de cada um, pois liderança, hoje, corresponde a ter soft skills, habilidades a serem desenvolvidas por todos os profissionais. Inclusive, é um diferencial e caminho para os profissionais com atuação mais técnica se destacarem. Somente assim as organizações crescerão exponencialmente no atual mundo do trabalho, onde a colaboração é a base, e você, o agente de transformação.

Ser agente de transformação é estar atento à evolução dos colegas, daqueles com quem você se relaciona no mundo corporativo e, por que não dizer, na vida! Somos um ser integral e, ao nos desenvolvermos como profissionais, nós nos desenvolvemos como seres humanos e vice-versa. Esse assunto veremos em mais detalhe no Capítulo 11.

No meu livro *O poder da simplicidade no mundo ágil*, trago a história do rapaz da marmita. Aqui, eu atualizei e escrevi uma conclusão e vou contar a você por que retomei essa história neste livro.

Havia um rapaz que costumava levar sua marmita para o trabalho e sempre almoçava com um grupo de colegas. Dia após dia, ele reclamava daquela comida, pois não gostava do sabor, das opções que tinha ali e, inclusive, já não suportava mais o cheiro.

Uma colega, Natália, que tinha entrado havia pouco tempo na empresa e observava o mau humor daquele rapaz todos os dias no almoço, respirou fundo e disse:

— Cara, se eu já não aguento mais ouvir você reclamar, imagine o seu estômago.

E acrescentou:

— Fale com sua esposa, sua namorada, seu namorado, a pessoa que prepara a marmita e peça para mudar o cardápio, colocando algo de que você realmente goste e não esteja enjoado. O que você pode fazer para mudar essa situação? Pense nisso e comece a mudar o cardápio de sua vida e da marmita, trazendo mais alegria para o seu dia a dia. Só depende de você!

Então, para a surpresa dos colegas, ele respondeu:

— Quem disse que é alguém que prepara a marmita para mim? Sou eu mesmo.

Depois daquele feedback da Natália, o rapaz da marmita saiu reflexivo e decidiu mudar. Aprendeu a cozinhar, o que passou a fazer com prazer. Em um de seus almoços seguintes, ele trouxe duas marmitas, a sua e uma para a Natália. Saborearam com entusiasmo, pois a comida estava deliciosa.

Ele agradeceu àquela nova colega, que passou a ser muito querida por ele, pois havia lhe ajudado a evoluir.

Eu trago a releitura desse caso aqui, com essa conclusão, por causa de uma abordagem que ouvi após dar uma palestra, em que me referi ao rapaz da marmita, em uma organização. O novo ponto de vista partiu de uma das gestoras da empresa. Ela comentou do protagonismo de Natália como agente de transformação. Falou da importância de profissionais com esse perfil para a contribuição no crescimento das empresas. São pessoas assim que transformam vidas e organizações, ajudando os colegas a evoluírem a partir de seu feedback. Essa líder que fez esse comentário é uma inspiração para mim e para a organização onde atua. Foi minha colega da adolescência em Jequié (BA), Leila Brito. Nos reencontrarmos como profissionais depois de mais de trinta anos, conexão proporcionada pelo meu livro *O poder da simplicidade no mundo ágil*,[45] um presente nessa jornada de ser escritora. Ela me ajudou a lançar o olhar para essa história sob uma perspectiva que me inspirou a fazer este capítulo. Fica aqui minha admiração por você, Leila. O mundo precisa de mais líderes protagonistas, por mais Natálias e Leilas para a verdadeira transformação.

Desenvolver trabalhos nas empresas, dar aula e atender meus clientes de coaching é um importante caminho para meu aprendizado, o que ajuda a realimentar minha vida como escritora, trazendo livros para você. O mais alto grau de nosso aprendizado é quando ensinamos, o que se torna o caminho para aprendermos a cada dia. Entre uma linha e outra nesta jornada de escrita, faço um mergulho em meu autoconhecimento para minha evolução. Aproveite para degustar esse mergulho em você também. Se autoconhecer é uma joia rara nessa jornada que chamamos de vida. E que este livro seja um agente transformador em sua vida e em sua carreira.

---

[45] ANDRADE, S. **O poder da simplicidade no mundo ágil:** como desenvolver soft skills e aplicá-las com scrum e design thinking para ter mais resultado com menos trabalho, em menor tempo. São Paulo: Gente, 2018.

A nossa trilha como protagonista começa dentro de casa, a depender de como fomos criados por nossos pais. Se eles não nos ajudaram, cabe a nós, agora, colocarmos em prática. Como comentei anteriormente, me referindo a Sartre, cabe a nós fazermos algo diante do que fizeram ou deixaram de fazer por nós. Agora, como protagonista, cabe a nós fazermos algo pelas pessoas, ajudando-as a assumirem esse papel, o que deve começar dentro de casa.

No livro de Diego Barreto, *Nova Economia*, tem uma passagem que adorei na qual ele se refere aos pais, esposa e filhos: "Meus pais diziam que eu deveria prestar concurso ou trabalhar em uma grande empresa. Carol e eu dizemos ao Fefê e à Oli que peguem as ferramentas disponíveis e construam o próprio futuro – e o do Brasil junto, é claro".

Existem diversas ferramentas para ajudar a construir esse futuro sendo um líder protagonista que forma novos líderes. Vem comigo conhecer algumas delas!

PERGUNTAS PODEROSAS

A primeira consiste em fazer a pergunta certa, o que ajuda a mudar o mindset das pessoas, levando-as da posição de "vítima e culpada" para a posição de "protagonista".

É importante conhecer as perguntas fracas para que você deixe de fazê-las, em primeiro lugar, para si mesmo (nossa mente borbulha de perguntas o tempo inteiro, e precisamos nos conhecer para substituir as fracas por poderosas) e, em seguida, para os outros. As perguntas fracas são aquelas que levam as pessoas a se sentirem culpadas, abrindo espaço para justificativas e reclamações, as famosas queixas. Quando isso acontece, a pessoa racionaliza e nada muda. Quando o líder age dessa maneira, ele está ajudando o outro a levar o mindset para o passado, focando o problema. São as perguntas do tipo "por que" em algumas situações. Exemplo: "Por que você não trouxe uma comida de que você gosta?". Responder essa pergunta vai ajudar em algo? Não!

Perguntas poderosas são aquelas que levam à ação e focam a solução, tais como "o que", "como" e "quando". Exemplos: "O que você vai fazer para trazer uma comida saborosa?" e "Quando você vai aprender a cozinhar o que você curte comer?".

E como ficam as perguntas do tipo "por que"? Elas são sempre fracas? Não! Elas são muito poderosas quando investigam valores e propósito: "Por que é importante resgatar a alegria em sua vida?". Ao fazermos essas perguntas poderosas, as pessoas que as respondem começam a mudar a mentalidade e ganham foco em resolver os problemas, saindo da queixa, da posição de vítima. Vamos ver alguns exemplos de perguntas fracas e poderosas para você entender o impacto delas.

PERGUNTAS FRACAS	PERGUNTAS PODEROSAS
POR QUE VOCÊ NÃO COLABOROU COM O PROJETO?	COMO VOCÊ PODE COMEÇAR A COLABORAR COM O PROJETO?
POR QUE VOCÊ NÃO RESOLVEU O PROBLEMA QUE SURGIU COM O CLIENTE?	O QUE VOCÊ PODE FAZER PARA RESOLVER O PROBLEMA APRESENTADO PELO CLIENTE?
POR QUE VOCÊ NÃO ESTÁ DESENVOLVENDO O SEU TIME NA PERSPECTIVA DA TRANSFORMAÇÃO DIGITAL?	QUANDO VOCÊ SE COMPROMETERÁ A INICIAR O TRABALHO DE DESENVOLVIMENTO DE SUA EQUIPE COMO LÍDERES PROTAGONISTAS PARA A AUTOGESTÃO?
POR QUE NÃO CONSEGUIMOS ESSA TRANSFORMAÇÃO?	O QUE PRECISAMOS FAZER PARA CONSEGUIR ESSA TRANSFORMAÇÃO? / POR QUE É IMPORTANTE CONQUISTARMOS ESSA TRANSFORMAÇÃO?

O líder que faz perguntas poderosas atua como um líder-coach, ajudando as pessoas a se desenvolverem e a encontrarem soluções, papel essencial na transformação das empresas.

SER AGENTE DE TRANSFORMAÇÃO É ESTAR ATENTO À EVOLUÇÃO DOS COLEGAS, DAQUELES COM QUEM VOCÊ SE RELACIONA NO MUNDO CORPORATIVO E, POR QUE NÃO DIZER, NA VIDA!

NEGOCIAÇÃO

Além de fazer a pergunta certa, saber negociar é atitude fundamental para a sua atuação como agente de mudança. Em função disso, apresentarei a você uma ferramenta simples e eficaz que será especial nessa jornada.

Quando uma pessoa está resistente à mudanças, tendemos a querer conduzi-la, direcionando-a para o que desejamos, para o padrão de nosso pensamento, movimento que só potencializa a resistência. O caminho deve ser o contrário, fazer o "*rapport*" com essa pessoa, ou seja, demonstrar respeito, acompanhando a sua linha de pensamento, com escuta ativa e empatia, é a melhor alternativa.

A técnica com essa lógica é o Princípio dos 101%. Ela consiste em encontrarmos o 1% em que concordamos com a pessoa diante de tudo o que ela disse, após escutarmos de maneira empática e verdadeira. A partir daí, verbalizamos tudo aquilo com que concordamos e, somente depois disso, trazemos os nossos argumentos. Ao demonstrar que entendemos aquele ponto de vista, a pessoa se sente aceita, o que aumenta a nossa possibilidade de conduzir positivamente, expondo nossas ideias para conquistá-la.

No livro *Como chegar ao sim*,[46] o autor, William Ury, traz também importantes insights sobre negociação:

- No mundo de gestão cada vez mais horizontal, as pirâmides de poder estão se transformando em rodas de negociação. É a "revolução da negociação";
- Precisamos separar as pessoas dos problemas "para sermos duros com os problemas e gentis com as pessoas";

---

[46] FISHER, R.; PATTON, B.; URY, W. **Como chegar ao sim:** negociar acordos sem fazer concessões. Rio de Janeiro: Sextante, 2018.

- Negociar as posições não é eficiente (método padrão), é uma disputa de vontades e, quanto mais extremo, pior, vira uma luta de "eu não vou ceder". O foco deve ser a "negociação baseada em princípios", ou "negociação dos méritos". Veja a seguir uma maneira:
  - Separe as pessoas do problema;
  - Concentre-se nos interesses, não nas posições;
  - Antes de decidir o que fazer, crie diversas opções com possibilidades de ganhos mútuos;
  - Insista em que o resultado se baseie em critérios objetivos.
- Preste atenção (escuta ativa) e de vez em quando interrompa para dizer "veja se eu entendi corretamente: você está dizendo que...?". O outro se sentirá satisfeito por ser ouvido;
- Uma declaração sobre "como você se sente" é difícil de ser contestada.

FEEDBACK

É simplesmente a prática do feedback, e sua aplicação vem transformando a cultura de muitas empresas.

Segundo Richard Williams, em seu livro *Preciso saber se estou indo bem!*,[47] nós funcionamos como um balde que precisa estar cheio. Williams afirma que existem dois tipos de feedbacks que esvaziam esse balde, e devemos ficar atentos para não praticá-los. Vamos falar deles e entender como podemos reverter

---

[47] WILLIAMS, R. L. **Preciso saber se estou indo bem!:** uma história sobre a importância de dar e receber feedback. Rio de Janeiro: Sextante, 2011.

essa abordagem inadequada, atuando como agentes de transformação quando nos dão esse tipo feedback negativo.

- **Feedback ofensivo:** gera repreensão, medo, afastamento, desprezo. Ele acontece quando pessoas são expostas ou agredidas.
  Como lidar com esse feedback? Fale com a pessoa que lhe deu esse feedback reservadamente, expondo os seus sentimentos diante daquela atitude. Essa mudança de comportamento vai ajudar a inspirar a empatia no outro.
- **Feedback insignificante:** é aquele que gera dúvida, é vago e genérico. Ocorre, por exemplo, quando você recebe um e-mail com dezenas de pessoas copiadas, com conteúdo dizendo que "tem gente naquele grupo que está com determinado tipo de comportamento" sem especificar quem é, ou quando alguém diz que o que você fez foi "tudo ruim" ou mesmo "show de bola".
  Como lidar com esse tipo de feedback? Pergunte à pessoa: "daquele e-mail coletivo, o que diz respeito a um comportamento meu?". E, na outra situação, busque entender de maneira específica o que "está bom" ou "o que precisa melhorar".

Assim você estará atuando como líder protagonista, um líder educador que ajuda as pessoas a aprenderem a dar feedback de maneira adequada.

Já os dois tipos de feedbacks que enchem o balde são:

- **Feedback positivo:** reforça o sucesso e, se não for dado, o profissional não repetirá o comportamento.

> SABER NEGOCIAR É ATITUDE FUNDAMENTAL PARA A SUA ATUAÇÃO COMO AGENTE DE MUDANÇA.

Como lidar com esse feedback? Use e abuse dele, pois consiste na prática de reconhecimento e é uma ferramenta poderosa para engajar pessoas e equipes. Ajuda também no fortalecimento da confiança entre as pessoas.

- **Feedback de redirecionamento (que Richard Williams chama de corretivo):** é aquele que proporciona mudança de comportamento, de atitudes, e é tão importante quanto o positivo, pois, se for praticado corretamente, ele também trará resultados positivos.

Como lidar com esse feedback? Pratique sempre, pois é por meio dele que você vai ajudar a desenvolver as pessoas na perspectiva da transformação.

Existem duas palavras mágicas que vão ajudá-lo a praticar esses dois feedbacks que enchem o balde de maneira leve, proporcionando importantes presentes às pessoas, e ajudando-as em seu desenvolvimento. São elas: "Continue" e "Comece". Assim mesmo, com um "E" no meio, para você não correr o risco de incluir a palavra "mas". Essa palavra destrói as pessoas, fazendo-as apagar da mente tudo o que ouviram de positivo antes do "mas", o que acaba funcionando como um bloqueio, criando resistência em relação às mudanças e impedindo a transformação de acontecer.

Só para você ter uma ideia de como isso funciona, alguém diz para você:

— Você tem excelente habilidade técnica, MAS uma comunicação ruim.

Isso não o leva a mudança nenhuma. Você se chateia com quem lhe deu o feedback, não tem motivação e nem sabe como melhorar a sua comunicação, além de não registrar o que ouviu de positivo sobre sua habilidade técnica. Simplesmente apaga de sua mente.

Existem duas palavras mágicas que vão ajudá-lo a praticar esses dois feedbacks que enchem o balde de maneira leve, proporcionando importantes presentes às pessoas e ajudando-as em seu desenvolvimento. São elas: "Continue" e "Comece".

Observe agora a diferença de praticar o feedback de maneira adequada:

— Parabéns por sua competência técnica, CONTINUE A crescer como um especialista, E, justamente para evoluir, COMECE A investir em sua comunicação, dando feedbacks à equipe. Me fala como posso ajudá-lo. O que você deseja fazer para melhorar essa habilidade?

Lembre-se de que todo feedback de redirecionamento deve levar a alguma ação específica. Somente assim haverá transformação efetiva.

Pratique esse quadro abaixo em seu dia a dia de maneira espontânea, contínua e informal. Essa é a onda da prática do feedback no novo mundo do trabalho, e é fundamental para todo profissional que deseja ser um líder protagonista:

> **COMO DAR FEEDBACK PARA SER SEMPRE POSITIVO:**
> CONTINUE A ... (REFORÇO POSITIVO)
> E
> COMECE A ... (MUDANÇA DE MANEIRA POSITIVA)

Use também essa técnica para pedir feedbacks, perguntando ao outro profissional o que ele observa em seu comportamento, quais atitudes que você deve "continuar a" e quais deve "começar a", assim o feedback chegará de maneira positiva até você, tanto para reconhecer suas atitudes quanto para ajudá-lo no seu redirecionamento.

O feedback é uma prática que vem arrastando multidões. Inclusive, atribuo a essa ferramenta grande parte dos avanços nas corporações no que se refere ao fortalecimento da agilidade e à gestão horizontalizada. Tenho acompanhado essa movimentação nos trabalhos que realizo nas organizações para aplicar o MAC, e a prática dessa ferramenta é realizada de maneira espontânea e contínua por parte de todos, independentemente de cargo, e inclusive muitas vezes parte dos liderados para os líderes. Nas cerimônias do *scrum* e na prática do *kanban*, por exemplo, o feedback contribui para promover essa mudança.

Outra atitude que ajuda muito na transformação das pessoas e organizações é a criação de espaços para se falar sobre carreira. Fala-se muito de trabalho, de atrasos e entregas, e esquece-se de falar de trajetória de vida e carreira. Crie esse espaço em momentos do café, almoço ou promovendo encontros específicos sobre o tema. Funciona como uma poderosa mentoria entre pares, líderes e equipes. É o momento também de demonstrar vulnerabilidade e pedir ajuda para aprender e evoluir. Isso potencializa a colaboração e vínculos de confiança na empresa e na equipe.

Toda essa prática contribui na autogestão do time e na multiplicação da transformação digital, pois você passa a atuar como agente de mudança da sua vida, da vida das pessoas ao seu redor e da organização. Esse é um passo essencial para se transformar em um líder inspirador, tema no qual vamos nos aprofundar no próximo capítulo, o 7º e último passo do caminho para atingir o protagonismo ágil como nova atitude.

capítulo 10

LÍDER INSPIRADOR

Além do autoconhecimento, a comunicação é essencial para você ser um líder inspirador, pois a maneira como você se comunica define a forma como você vai se relacionar com as pessoas e com o mundo ao seu redor, inspirando por seu exemplo.

A COMUNICAÇÃO COMO BASE

Gosto muito de usar uma analogia esportiva em minhas aulas e treinamentos explicando a comunicação com o que chamo de "Comunicação Tênis e Frescobol". Em ambos os esportes, usamos as mesmas ferramentas, a raquete e a bola, para exercer as atividades, mas com propósitos diferentes.

No tênis, o objetivo é marcar pontos; enquanto um perde, o outro ganha. Ao se comunicar dessa maneira, você corre o risco de destruir alguém, de criar conflitos e de distanciar as pessoas. Você pode ficar feliz por ter falado, mas terá um receptor frustrado, com o sentimento de derrota.

Por outro lado, o objetivo do frescobol é manter a bola alta; é um jogo colaborativo em que todos ganham. Nessa perspectiva, você cuida para que o outro seja um ganhador, comunicando-se com empatia, avaliando a maneira certa de falar, falando com transparência e comunicando com o objetivo de ajudar o outro a acertar. Há um desejo genuíno de que o outro entenda a mensagem passada, mostrando que há uma parceria.

É importante refletir sobre os momentos em que você está deixando de inspirar as pessoas por praticar uma comunicação "tênis". Está em suas mãos mudar essa perspectiva, comunicando-se e relacionando-se na sintonia do frescobol. Faça isso também ao praticar o feedback, as perguntas poderosas e a negociação.

Costumo associar a prática da comunicação "frescobol" à Comunicação Não Violenta (CNV), criada por Marshall Rosenberg, que apoia as relações de parceria e cooperação nas quais predomina a comunicação eficaz, autêntica e desarmada, e com empatia e transparência, criando conexão entre as pessoas a partir de uma escuta ativa.

A girafa é o símbolo da CNV por ter o maior coração entre os animais terrestres, o tamanho do órgão supera em quarenta vezes o coração humano. Ela também tem o pescoço comprido, que lhe permite olhar além e por diversas perspectivas, o que representa o olhar empático que ultrapassa o julgamento. O seu movimento elegante e hábil representa o respeito que inspira a todos.[48]

Praticar esse tipo de comunicação corresponde a estar inteiro e interessado no outro, tema que abordo no livro *O segredo do sucesso é ser humano*.[49] Ser líder inspirador é escutar com o coração, buscando se conectar de alma para alma. Vou lhe contar o que aconteceu em um dos MBAs em que dou aula na Faculdade de Informática e Administração Paulista (FIAP), na qual Protagonismo na Gestão de Mudança é uma das disciplinas que leciono.

> *Uma aluna, sempre muito participativa, pediu a palavra no último dia de aula e falou:*
>
> *— Susanne, primeiro eu quero agradecer por todo esse aprendizado, pelas ferramentas que estou levando comigo. E uma delas, muito simples, me chamou atenção, e tocou a minha alma e a da minha equipe.*

---

[48] ROSENBERG, M. B. **Comunicação não violenta:** técnicas para aprimorar relacionamentos pessoais e profissionais. São Paulo: Ágora, 2006.

[49] ANDRADE, S. **O segredo do sucesso é ser humano:** como conquistar resultados sensacionais na vida pessoal e profissional. São Paulo: Primavera Editorial, 2014.

Fiquei feliz com aquelas palavras, que foram lindas de ouvir e de sentir. Ela continuou:

— Quando você falava sobre a comunicação como base para nos relacionarmos, fiquei pensando em como estava a minha relação com a minha equipe, no quanto eu não os escutava. Eu descobri que não escutava nem a mim mesma. Andava sempre cansada, como um motorzinho de pressionar a equipe para entregar mais e mais. E o que você ensinou sobre a escuta ativa me chamou atenção. Tocou a minha alma!

E foi isso o que ela fez naquela turma, todos ficaram em silêncio, admirados com a humildade da colega em assumir o processo dela: tocou a alma de todos.

Ela ainda continuou:

— A partir desse insight, eu parei para me escutar, saindo daquele movimento de trabalhar até nos fins de semana, escolhendo um momento para me escutar mais, para me observar, ouvir música, algo que adoro fazer e que tinha abandonado. Eu estava me abandonando. Foi surpreendente! Enquanto ouvia música, vinha um filme em minha cabeça, e eu pensava nas minhas atitudes com cada um da equipe. Só eu falava e dava ordens. Na segunda-feira, cheguei decidida a ouvir mais o meu time. E fui sentando com cada um no decorrer da semana. Eu simplesmente falei a cada um: "O que representa para você fazer parte dessa equipe? Me deixa te conhecer mais".

Ela comentou que foram diversas as reações. Houve quem se surpreendesse e nem entendesse aquela atitude dela, disse sorrindo; outros perguntaram o que ela queria saber de maneira específica.

Em sala, ela falou:

— Foi impressionante o poder da escuta ativa, pois eu passei a ouvir minha equipe com o coração, verdadeiramente interessada em cada um. E me apaixonei por cada abordagem. Ouvi diversas coisas, como:

"Estar nesta equipe representa crescer, pois eu quero dar orgulho aos meus pais."

"Eu nem sei dizer, só sei que estou gostando daqui, mesmo que às vezes eu me sinta pressionada e cansada."

"Eu quero poder colocar meu filho em um bom colégio a partir do próximo ano."

"Meu desejo é contribuir para fortalecer a agilidade em nossa área."

"Eu quero agradecer por você ter vindo conversar comigo, pois estou querendo sair da empresa."

"Poder trabalhar em home office me faz gostar de estar aqui. Estou com um filho recém-nascido e posso ajudar minha esposa."

Como assim? Uma pessoa de minha equipe virou pai e eu não me dei conta?!, *pensei, horrorizada.*

Ela disse que foi um presente poder se conectar mais com seu time, e que, a cada papo, se conectava mais com ela mesma, conhecendo-se mais, recordando passagens há muito esquecidas que ocorreram na sua vida. Comentou também o impacto dessa mudança no dia a dia, estava recebendo diversos feedbacks positivos da equipe, tanto verbais quanto por meio das entregas. E concluiu sua fala dizendo que aquela tinha sido a semana de maior produtividade desde que ela entrou na empresa, uma produtividade em clima de alegria e confiança, já que as pessoas estavam mais descontraídas.

> SER LÍDER INSPIRADOR É ESCUTAR COM O CORAÇÃO, BUSCANDO SE CONECTAR DE ALMA PARA ALMA.

A história da minha aluna nos ajuda a entender que a primeira comunicação que estabelecemos na vida é com nós mesmos. Você tem se escutado para se inspirar? Experimente, em primeiro lugar, escutar a si mesmo como líder. Depois pratique a comunicação "frescobol", a CNV, e veja como isso vai levá-lo a inspirar mais e mais pessoas, engajando a sua equipe.

Em seu livro *O jeito Harvard de ser feliz*[50], Shawn Achor diz que a empresa norte-americana de pesquisas de opinião Gallup entrevistou mais de 10 milhões de pessoas ao redor do mundo e descobriu que aquelas que concordaram com a frase "meu chefe ou alguém do trabalho parece se interessar por mim como ser humano" produziam mais e tinham mais chance de ficar mais tempo na empresa.

Seguindo essa ideia, existem dois líderes que me inspiram, um deles é o Simon Sinek e o outro é o Maurício Benvenutti. O primeiro afirma que "100% dos clientes são pessoas, 100% dos funcionários são pessoas. Se você não entende de pessoas, você não entende de negócios".[51] Dentro dessa mesma linha, Benvenutti diz que "as pessoas se conectam primeiro com pessoas e depois com empresas. 83% delas confiam em recomendações de conhecidos antes de qualquer outra forma de publicidade. Assim, a marca pessoal do líder é essencial e traz impacto para a empresa".[52] Portanto, o papel do líder que inspira e influencia é essencial para a reputação da organização.

Existem dois aspectos que vêm potencializando essa reputação: o resgate de valores esquecidos e as práticas inovadoras.

---

[50] ACHOR, S. **O jeito Harvard de ser feliz:** o curso mais concorrido da melhor universidade do mundo. São Paulo: Benvirá, 2012.

[51] SINEK, S. 100% dos clientes são pessoas... **Pensador**, 2005-2022. Disponível em: https://www.pensador.com/frase/MjUzNzc1Mg/. Acesso em: 5 jan. 2022.

[52] BENVENUTTI, M. **Desobedeça:** a sua carreira pede mais. São Paulo: Gente, 2021. p. 22.

> **"100% dos clientes são pessoas, 100% dos funcionários são pessoas. Se você não entende de pessoas, você não entende de negócios".**

Assim como acontece na agilidade, que possui ferramentas que não são novas – o *kanban* é um exemplo –, mas são extremamente atuais e tem proporcionado a inovação nas organizações com simplicidade, estamos revendo os conceitos para uma liderança humanizada, uma liderança servidora, cujo conceito surgiu na época do livro *O monge e o executivo*, best-seller de James C. Hunter, publicado no fim da década de 1980.[53] O conceito já era conhecido e, agora, tornou-se relevante para o momento atual.

Por falar em conceito atual, mesmo não sendo novo, indico para você, querido leitor, querida leitora, o filme *Invictus*,[54] que conta a história de quando o Nelson Mandela assumiu a presidência da África do Sul. Assista com o foco em implementar ao menos uma ação a partir do maior insight que vier para você. Mandela é um líder que há muito nos deixou, mas que ainda representa uma inspiração atual enquanto líder protagonista, líder ágil, líder da transformação digital, movimento que só acontece com o respeito à diversidade.

Existem os líderes que ocupam uma posição de poder e influência pelo ego e pelo status, e os que lideram, inspiram,

---

[53] HUNTER, J. C. **O monge e o executivo:** uma história sobre a essência da liderança. Rio de Janeiro: Sextante, 1989.

[54] INVICTUS. Direção: Clint Eastwood. [S. l.]: Revelations Entertainment; Warner Bros Pictures, 2009. 134 min.

aqueles que seguimos não por eles, mas por nós mesmos. A diferença está em despertar o sentimento de propósito e pertencimento, o que só acontece no contexto da segunda liderança. Qual desses líderes você quer ser?

Abaixo eu trago uma ferramenta que o ajudará a se conhecer melhor e a entender o seu papel na organização da qual faz parte, identificando seus desafios para entrar em ação. Siga esta trilha para se posicionar no mundo como um líder inspirador.

FERRAMENTA "CANVAS DO LÍDER INSPIRADOR"

A última ferramenta, mas não menos importante, é bastante poderosa. Acompanhe o quadro a seguir.

A AUTOESCUTA	HABILIDADES COMO LÍDER	COMO O OUTRO ME VÊ	RELAÇÃO COM A EMPRESA
• COMO ME PERCEBO.	• PONTOS FORTES; • PONTOS A DESENVOLVER.	• FEEDBACKS QUE TENHO RECEBIDO.	• COMO POSSO CONTRIBUIR NA TRANSFORMAÇÃO DA EMPRESA.
DESAFIOS		PLANO DE AÇÃO	
• QUAL MEU MAIOR DESAFIO PARA SER UM LÍDER INSPIRADOR.		• AÇÕES ESPECÍFICAS PARA ME POSICIONAR E ME FORTALECER COMO UM LÍDER INSPIRADOR (O QUE, COMO E QUANDO).	

No livro O *jogo infinito*,[55] Simon Sinek afirma que o líder não é responsável pelos resultados, mas por pessoas que são responsáveis por resultados. Ele acrescenta que quem acorda feliz para trabalhar é mais produtivo e tem uma família mais feliz porque essas pessoas chegam em casa mais felizes, além de contribuírem

---
[55] SINEK, S. **O jogo infinito.** Rio de Janeiro: Sextante, 2020.

para empresas mais fortes e economias mais robustas. Para isso, o líder precisa ajudar as pessoas a serem elas mesmas. A conexão com o propósito e a felicidade é o que leva ao desenvolvimento como ser humano, e essa é uma das bases para o desenvolvimento profissional.

Quando entendemos o conceito de liderança humana, estamos sendo líderes inspiradores e retroalimentamos a jornada ao entendermos que esse 7º passo é apenas a consolidação dos demais e faz parte da importante trilha para a conquista do 1º passo: a transformação digital. É um ciclo dinâmico!

Para fazermos parte desse dinamismo, é essencial compreendermos que o líder inspirador é aquele que integra vida e carreira e entende a sua evolução como líder na perspectiva de uma evolução humana, o que abordaremos no último capítulo.

capítulo 11

SEU CRESCIMENTO COMO SER HUMANO É ESSENCIAL PARA O SEU CRESCIMENTO PROFISSIONAL

Somos seres humanos integrais, mesmo que algumas pessoas pensem que é possível separar a pessoa do profissional; não é. Podemos ter papéis diferentes em determinados contextos, mas somos únicos. Pensar assim é um importante passo para entendermos que só conseguimos nos desenvolver enquanto líderes protagonistas a partir do ser humano que existe por trás do crachá, alguém que é muito especial e tem sido esquecido em meio ao turbilhão de atividades que exerce.

Você tem cuidado do ser humano tão especial que é você?

Bernardo era um profissional da área comercial que trabalhava desde a adolescência, quando iniciou sua jornada ajudando um vizinho em seu mercadinho. Na época, ele ganhava uns trocados para comprar miniaturas de carros que colecionava. Bernardo cresceu e acabou sendo contratado por uma rede de eletrodomésticos.

Quando tinha 21 anos, conheceu Patrícia, por quem se apaixonou. Ela admirava muito a determinação e o entusiasmo que Bernardo tinha para trabalhar. Patrícia sabia que ele tinha potencial para voar mais alto e decidiu convidá-lo para tomar um sorvete com o intuito de falar sobre carreira e um possível futuro. Foi quando perguntou:

— O que você mais gosta de fazer em seu trabalho?

Bernardo respondeu:

— A minha maior alegria é atender as pessoas e, principalmente, ensinar meus colegas a atenderem. Mas confesso que eu não sei muito bem como ajudá-los. Eles me admiram pelo meu potencial de vendas, querem aprender comigo, e eu não sei como passar isso.

Patrícia disse que acreditava que esse salto em seu desenvolvimento viria de sua evolução como pessoa e que ele deveria investir no seu crescimento em habilidades não técnicas. Propôs fazerem um curso juntos, sobre comunicação e relacionamento.

No início, ele demonstrou resistência, pois acreditava que precisaria fazer um curso de vendas para passar as técnicas para seus colegas. Mas resolveu ouvir Patrícia, que era profissional da área de educação, e se matriculou no curso.

Iniciaram, juntos, uma jornada de desenvolvimento, que tinha duração de seis meses, com encontros mensais em um final de semana. Eles aplicavam cada aprendizado no dia a dia com suas famílias, amigos e entre si. Começaram a se divertir juntos, o que fortaleceu inclusive o relacionamento do casal.

Eles combinaram praticar as ferramentas de maneira espontânea e com foco. Foi assim com todos os temas estudados, a "escuta ativa", o "feedback", as "perguntas poderosas", a "empatia", a "negociação". Eles também aprenderam que o "reconhecimento" e a "celebração" eram a cereja do bolo. Usaram e abusaram de tudo isso com muita diversão.

Um dia, ao chegar na empresa, o gestor de Bernardo o chamou para um papo em que comentou:

— Eu quero lhe dar os parabéns por sua evolução nesses últimos quatro meses. Eu sempre ouvi elogios sobre a sua habilidade em atender os clientes e nos últimos meses isso se intensificou. Mais do que isso, os elogios começaram a vir acompanhados de comentários como: "Além de atender muito bem, o Bernardo está nos ajudando a sermos excelentes vendedores".

SÓ CONSEGUIMOS NOS DESENVOLVER ENQUANTO LÍDERES PROTAGONISTAS A PARTIR DO SER HUMANO QUE EXISTE POR TRÁS DO CRACHÁ, ALGUÉM QUE É MUITO ESPECIAL E TEM SIDO ESQUECIDO EM MEIO AO TURBILHÃO DE ATIVIDADES QUE EXERCE.

Foi uma surpresa para aquele profissional que trabalhava desde cedo, mas não conseguia enxergar como crescer mais. Ele entendeu que o seu desenvolvimento pessoal, a partir da parceria com Patrícia, era o motivo principal daquele feedback de seu líder.

Quando terminou o expediente, ele enviou uma mensagem para sua namorada, convidando-a para tomar um sorvete. Agora era a sua vez de iniciar a conversa:

— Pat, eu quero lhe agradecer por ser minha parceira na minha jornada de crescimento como homem, o que naturalmente me fez evoluir como profissional.

Ela ficou surpresa e perguntou:

— O que aconteceu?

— Meu chefe percebeu meu crescimento nesse período e disse que a partir do próximo mês assumirei a liderança de toda a equipe de vendas. Serei o líder de meus colegas.

Eles brindaram aquela conquista, como namorados e como seres humanos profissionais.

Além do desenvolvimento de habilidades, como vimos na história do Bernardo, cuidar de si, destinando um tempo para o lazer e o prazer, é um importante combustível para potencializar a entrega na carreira. O nosso corpo é como um carro e a nossa alma, o combustível para andarmos, para avançarmos, e para chegarmos aonde queremos e realizarmos as nossas metas.

Como afirmou Roberto Shinyashiki em seu livro *Desistir? Nem pensar.*[56] "meta é sonho com hora marcada". E antes de marcarmos

---

[56] SHINYASHIKI, R. **Desistir? Nem Pensar!:** o que você precisa fazer para atingir o seu próximo nível. São Paulo: Gente, 2021. p. 146.

a hora da realização de nossas metas, precisamos sonhar. E só há sonho quando somos eficazes em nos colocar em primeiro lugar, como merecedores de uma vida plena, uma vida de cuidado e afeto conosco e com as pessoas que fazem parte dela.

As nossas escolhas estão em nossas mãos, em nosso mindset, ou seja, na mentalidade que queremos desenvolver. A Programação Neurolinguística tem um pressuposto de que gosto muito e que Richard Bandler traz em seu livro *A introdução definitiva à PNL*: "Mapa não é território, mas a representação dele".[57] Ou seja, o nosso mapa mental, a nossa mentalidade, corresponde ao modo como representamos a vida, o contexto, a realidade que vivemos. Corresponde à maneira como lidamos com as questões. Isso vai determinar como vamos nos posicionar diante da vida e do trabalho, o que nos leva a evoluir como seres humanos, caminho para o sucesso profissional.

Ainda no mesmo livro, Richard Bandler comenta sobre um workshop que lhe trouxe aprendizados para a vida. Destacarei alguns desses insights:

- Você nunca para de aprender. Se você acha que sabe tudo o que há para saber, obviamente está se esquecendo de algo;
- Para ter melhores opções, sentimentos e interações com os outros, você precisa ser capaz de olhar as mesmas coisas a partir de diferentes perspectivas;
- Se você quiser que alguém faça escolhas melhores, ajude-o a expandir o seu mapa;

---

[57] BANDLER, R. **A introdução definitiva à PNL:** como construir uma vida de sucesso. Rio de Janeiro: Alta Life, 2019.

> SÓ HÁ SONHO QUANDO SOMOS EFICAZES EM NOS COLOCAR EM PRIMEIRO LUGAR, COMO MERECEDORES DE UMA VIDA PLENA, UMA VIDA DE CUIDADO E AFETO CONOSCO E COM AS PESSOAS QUE FAZEM PARTE DELA.

- Atualize sempre o seu mapa mental, trabalhando a flexibilidade;
- Seu futuro ainda não foi escrito, e a vida é cheia de oportunidades;
- A mudança é a única constante da vida;
- Você pode ser quem escolhe ser;
- Temos as ferramentas e habilidades mentais para nos livrar das porcarias que não queremos e substituí-las pelo que queremos;
- Você escolherá o rumo que sua vida tomará e o tipo de pessoa que você se tornará ou vai só sentar e esperar que a vida aconteça?

É com esse último item que trago uma importante reflexão na direção de sua atitude neste capítulo final. A mudança está em suas mãos, e eu desejo, de coração, que este livro esteja sendo transformador para você, se não, que comece a ser com sua prática a partir do **agora**.

Colocar em prática os sete passos e as ferramentas que eu trago aqui representa a conquista de seu protagonismo no contexto da transformação digital, em que o seu crescimento como ser humano é o diferencial para o seu desenvolvimento profissional e o das outras pessoas com quem você interage. Com essa transformação, as empresas também crescem, pois você passa a ser um agente de mudança no ambiente de trabalho. Você entende o seu papel e consegue olhar para si, cuidar mais de você e passa a inspirar mais e mais pessoas. Dessa maneira, todos ganham: profissional e empresa.

CONCLUSÃO

Ser líder protagonista corresponde a uma nova atitude profissional, caminho essencial para a sua evolução no mundo. Assim, você se transforma em gente que inspira gente por seu exemplo e pelo cuidado com o desenvolvimento dos outros. É uma linda missão, como a de uma "mãe desnecessária".

No dia das mães de 2020, recebi uma linda mensagem com esse título tão incomum e com uma mensagem tão importante: falava da importância da mãe ir se tornando desnecessária com o passar do tempo, conforme os filhos se desenvolvem e ficam confiantes e independentes, mas com a certeza de que ela estará sempre lá, firme na concordância ou na divergência, no sucesso ou no fracasso, com o peito aberto para o aconchego. É assim que são criados filhos autônomos. Esse é o maior desafio e a principal missão da maternidade.

Ao se tornarem "desnecessárias", as mães se tornam extremamente essenciais na jornada de desenvolvimento dos filhos e também aprendem com eles. É uma mãe que sai da energia da preocupação e vive o presente e a simplicidade em cada detalhe, está sempre inteira no que faz e consciente das pessoas à sua volta.

Hoje, eu vejo que a atitude da "mãe desnecessária" serve de exemplo e inspira o Líder Protagonista, o Líder Ágil, aquele que contribui na evolução das pessoas, construindo junto com o time uma equipe de autogestão, pois a sua missão tem essa nobreza.

Tudo isso potencializa a confiança, a fé e a certeza da realização sem necessidade de preocupação com o medo de não conquistar algo. É um trabalho conjunto, de evolução mútua, com um potencial que proporciona às pessoas uma vida mais leve, na certeza da realização a partir da colaboração. Viver esse presente como oferta divina e no momento em que se vive é uma dádiva.

Ainda nesse assunto, e baseado em diversas pesquisas sobre as preocupações que podem se tornar realidade, Roberto Shinyashiki afirma em seu livro *Desistir? Nem pensar!*,[58] que chegou ao importante número 93, ou seja, 93% das coisas com as quais você se preocupa são inúteis. Esse número corresponde à porcentagem de situações com as quais você gasta energia e que não chegam a acontecer na realidade. Trabalhar esse mindset fortalece o seu mapa mental na direção de ter mais leveza na vida, pois você sai da preocupação em direção à realização. Você vive o presente que é a vida!

Ter esse foco lhe proporciona libertação das sobrecargas e dos medos, o que o ajuda a também sair do "estar perdido" na direção do "se encontrar".

Chegando ao final deste livro, eu desejo que ele tenha ajudado você a **se encontrar** como ser humano, e a se desenvolver como um líder **protagonista**.

Falar na transformação digital enquanto transformação humana é entender, em primeiro lugar, que somos humanos, que precisamos resgatar a nossa **vida** em meio a todas essas mudanças.

É essencial nos conectarmos a nós mesmos antes de nos conectarmos com as outras pessoas, vivendo de maneira plena e presente. Essa é a verdadeira essência do Líder Ágil: liderar de ser humano para ser humano, pois é através das pessoas que os resultados nas organizações são alcançados.

---

[58] SHINYASHIKI, R. **Desistir? Nem Pensar!:** o que você precisa fazer para atingir o seu próximo nível. São Paulo: Gente, 2021. p. 174.

Vá em frente, inspire mais e mais profissionais nesta jornada de transformação e lembre-se de celebrar cada conquista. Celebre a sua existência e a sua capacidade de se relacionar com maestria, caminhando em direção a conquista de resultados e de uma vida plena!

Fica aqui, direto de minha alma, um beijo aquecendo o seu coração, para lhe proporcionar realização e felicidade.

Abraços afetuosos,

SUSANNE

GLOSSÁRIO

Kanban – Ferramenta física ou digital para gerenciamento de projetos. Um quadro ou metodologia de "gestão à vista".

Meetup – Plataforma com o propósito de encontrar e desenvolver comunidades com interesses em comum para a troca de ideias e networking. Também pode definir as práticas de reunir os profissionais da empresa para a troca de ideias sobre um tema específico.

Scrum – *Framework* de gerenciamento de projetos para a organização e desenvolvimento ágil de produtos ou serviços. Nele existem cerimônias como:

- *Daily* (encontros diários de quinze minutos);
- *Planning* (planejamento da Sprint);
- *Retrospectiva* (evento para avaliar os pontos fortes e os pontos a serem melhorados da Sprint que aconteceu);
- *Review* (evento para inspeção do incremento do produto ou serviço).

Sprint – Conjunto de tarefas que devem ser executadas e desenvolvidas em um período pré-definido de tempo, geralmente de uma a quatro semanas.

Turnover – Rotatividade.

BIBLIOGRAFIA

ACHOR, S. **O jeito Harvard de ser feliz:** o curso mais concorrido da melhor universidade do mundo. São Paulo: Benvirá, 2012.

ANDRADE, S. **A magia da simplicidade:** como ter mais leveza na vida e na carreira. São Paulo: Edição da autora, 2016. *E-book.*

ANDRADE, S. **O poder da simplicidade no mundo ágil:** como desenvolver soft skills e aplicá-las com scrum e design thinking para ter mais resultado com menos trabalho, em menor tempo. São Paulo: Gente, 2018.

ANDRADE, S. **O segredo do sucesso é ser humano:** como conquistar resultados sensacionais na vida pessoal e profissional. São Paulo: Primavera Editorial, 2014.

BARRETO, D. **Nova Economia:** entenda por que o perfil empreendedor está engolindo o empresário tradicional brasileiro. São Paulo: Gente, 2021.

BENVENUTTI, M. **Desobedeça:** a sua carreira pede mais. São Paulo: Gente, 2021.

BROWN, B. **A coragem de ser imperfeito:** como aceitar a própria vulnerabilidade, vencer a vergonha e ousar ser quem você é. Rio de Janeiro: Sextante, 2016.

BROWN, B. **A coragem para liderar:** trabalho duro, conversas difíceis, corações plenos. Rio de Janeiro: BestSeller, 2019.

CABEGGI, G. **Antes tarde do que nunca:** você tem o direito de ser feliz. São Paulo: Gente, 2010.

CASHMAN, K. **Liderança autêntica:** de dentro de si para fora. São Paulo: MBooks, 2010.

CHARAN, R.; DROTTER, S.; NOEL, J. **Pipeline de liderança:** o desenvolvimento de líderes como diferencial competitivo. Rio de Janeiro: Sextante, 2018.

COVEY, S. R. **Os 7 hábitos das pessoas altamente eficazes:** lições poderosas para a transformação pessoal. Rio de Janeiro: BestSeller, 2017.

CURY, A. **Ansiedade:** como enfrentar o mal do século. São Paulo: Saraiva, 2014.

DAVID, S. **Agilidade emocional:** abra sua mente, aceite as mudanças e prospere no trabalho e na vida. São Paulo: Cultrix, 2018. *E-book.*

DWECK, C. S. **Mindset:** a nova psicologia do sucesso. Rio de Janeiro: Objetiva, 2017.

GRINBERG, R. **A excelência do olho de tigre:** como atingir resultados cada vez mais extraordinários como profissional ou empreendedor. São Paulo: Gente, 2016.

FISHER, R.; PATTON, B.; URY, W. **Como chegar ao sim:** negociar acordos sem fazer concessões. Rio de Janeiro: Sextante, 2018.

ISMAIL, S.; MALONE, M. S.; VAN GEEST, Y. **Organizações exponenciais:** por que elas são 10 vezes melhores, mais rápidas e mais baratas que a sua (e o que fazer a respeito). São Paulo: HSM, 2015.

MUNIZ, A. *et al.* **Jornada Ágil de Liderança:** entenda como desenvolver times protagonistas para resultados inovadores e sustentáveis no mundo digital. Rio de Janeiro: Brasport, 2020.

REIMAN, J. **Propósito:** por que ele engaja colaboradores, constrói marcas fortes e empresas poderosas. São Paulo: HSM, 2013.

ROSENBERG, M. B. **Comunicação não violenta:** técnicas para aprimorar relacionamentos pessoais e profissionais. São Paulo: Ágora, 2006.

RUFINO, G. **O poder da positividade:** os 7 princípios para blindar a sua mente e transformar a sua vida. São Paulo: Gente, 2018.

SHINYASHIKI, R. **Desistir? Nem Pensar!:** o que você precisa fazer para atingir o seu próximo nível. São Paulo: Gente, 2021.

SINEK, S. **Comece pelo porquê:** como grandes líderes inspiram pessoas e equipes a agir. Rio de Janeiro: Sextante, 2018.

SINEK, S. **O jogo infinito.** Rio de Janeiro: Sextante, 2020.

SUTHERLAND, J.; SUTHERLAND, J. J. **Scrum:** a arte de fazer o dobro do trabalho na metade do tempo. São Paulo: LeYa, 2014.

TALEB, N. N. **Antifrágil:** coisas que se beneficiam com o caos. Rio de Janeiro: Objetiva, 2020.

VALE, A. **A fórmula da eficácia:** como fazer a coisa certa no seu projeto de software. Brasília, DF: Software Zen, 2020.

VIEIRA, P. **O poder da autorresponsabilidade:** ferramenta comprovada que gera performance e resultados em pouco tempo. São Paulo: Gente, 2018.

WILLIAMS, R. L. **Preciso saber se estou indo bem!:** uma história sobre a importância de dar e receber feedback. Rio de Janeiro: Sextante, 2011.

Este livro foi impresso pela Rettec
em papel pólen bold 70 g/m² em abril de 2022.